差別と排除の〔いま〕①

現代の差別と排除をみる視点

町村敬志
荻野昌弘
藤村正之〔編著〕
稲垣恭子
好井裕明

明石書店

目次

差別と排除の〔いま〕第1巻

現代の差別と排除をみる視点

第1章

差別化される空間、空間化される差別

――現代都市における「微空間」のポリティクス

町村敬志

1　なぜいま「空間」か

「意味なく」路上に身をさらす

刺すように熱い8月の日差しの下、筆者らは渋谷の路上を移動し続けていた。[*1] ゆっくりと歩きながら、そこで出会うモノやヒト、サインや記号、色、音などを、できる限り詳細に記録する。設定されたコースとは、渋谷駅前（「ハチ公」像）を中心に半径５００メートルの円を地図上に描き、その円周にもっとも近い道や路地を機械的につなげていったものであった。

なぜわざわざこんな「意味のない」コースを選んだのか。その理由は比較的素朴なものだった。筆者らの試みはいわゆるストリートの路上観察にあたる。同様の試みは、たとえばバブル経済期にブームとなった路上観察学、さらに古くは今和次郎による考現学など、決して珍しくはない。これらはどれも興味深い仕事だが、しかし結果的に紹介されるのは、基本的に、選りすぐられた「おもしろい」場所――有名な場所というわけではないが――であった。

それに対して、私たちの路上観察の目的は、単なる「おもしろい」場所探しではなかった。もちろん渋谷が、それ自体、魅力的な場ではあることはいうまでもない。だが、私たちの掲げた問いは、路上という場が景観的・物理的・社会的・象徴的にいかに構成されているのか、にあった。とりわけ、その多様性を明らかにするため、なるべく作為なしに、言い換えると、あらかじめ何らかの「物語」を前提とせずに、路上そのものと遭遇する機会を作りたかった。地図上に機械的に描かれた円に沿って街を歩くというのは、いわばいったん意図や「意味」を排除する手続きでもあった。[*2]

しかしそうは言っても、ここは渋谷。結局はお決まりの路上観察に終わるのではないか。そんな不安が頭をよぎる。しかしそのことを除けば、私たちの調査は粛々と進むものと考えていた。

だが歩き出してまもなく、この路上という空間には、私たちの居場所がないことに気がつき始めていた。「路上観察」といえば聞こえはいい。だが実際に私たちが行っていたのは、その場に留まり、ひたすら記録をすることであった。たしかにそれは、私たちがそこにいる「意味」だった。だが、目的地をめざし私たちのそばを足早に通り過ぎていく人びとが担う明快な意味と比べたとき、私たちの担う「意味」などはあいまいなものにすぎなかった。そして時折、誰彼からとなくこちらに向けられる好奇と監視のまなざしが、私たちの気持ちを落ち着きのないものにしていく。日常から切り離されたところから虚心に街を見つめ直すこと。「意味なく」とは、いわば私たちが街と遭遇するために選んだ方法のはずであった。だが、意味の希薄さは、ほんの束の間の路上遊歩者をすら、たちまち所在なさと不安とで充たしてしまう。

ストリートは人を自由にしない。表面上の乱雑さとは裏腹に、ストリートはそれぞれの場所ごとに、厳格に意味――より正確には「意味をもってそこにあるべき」という意味――を遊歩者に割り当てていた。だが、私たちのような、街からみると「意味」のない滞留者に割り当てられる役割は、初めから存在しないか、存在するとしてもとても希薄なものにすぎない。したがって、ストリートの暗黙の流儀に従うのか、それともそこからはみ出すのか、といった二者択一にとらわれている限り、街は私たちにとって居心地の悪い場所でしかなかった。

だが、歩き出してどのくらいの時間が経ってからだろうか。同じ路上空間はやや違った「見え方」をするようになっていった。思い起こせば、きっかけは素朴な、しかしその時点としてはもっとも切実な願望であったと思う。私たちのような「意味のない」存在にも立ち止まれる場所はないか。できれば涼める場所はないか。自由に語り合える場所はないか。まとわりつく暑さ、そして身体にたまる疲れのせいで、私たちには、街にいる「意味」そのものにこだわる余裕がなくなっていった。目線は低くなり、身体は少しずつ路上へと近づいていく。しかしそのせいだろうか、それまで平板にしか見えなかった物理的空間に、身体やそのふるまいとの関わりにおいて、いくつかの異なる位相が重なり合いながら存在していることに、気がつくようになっていった。それとともに、空間との対話は少しずつその深さを増していった。

空間と権力の現在――アリーナとしてのストリート

はたして人びとは、激変する空間の世界を飼いならすことによって、自らの自由を拡大することに成功しているのか。それとも、変化する空間により、人びとはかえって自ら世界を構築する自由や力を低下させてしまっているのか。筆者が考えてみたい論点はこう要約できる。

20世紀の終わる頃から、空間のあり方は、「現代」を語る試みの中心へとせり出すようになってきた。グローバリゼーションや情報革命の進展は、空間を越える移動や交流を日常化し、その結果として、社会を枠付ける空間のリアリティを大きく変容させた。グローバルな流れ（フロー）が作り上げる空間の「切れ目なさ」や「滑らかさ」。あるいはまた、遠く隔たった場所の間の距離を極限まで圧縮していく「スピード」。独特の新しい「空間感覚」は、これまでにない選択の自由を人びとにもたらしてきた。新しい時代のリアリティの一面は確かにここにある。

しかし、この同じ時代は、別の空間感覚を私たちに突きつけてもきた。それは、スピードとはむしろ対極に位置する感覚であった。たとえば、金融や資本の世界をいち早く洗い流していったグローバリゼーションは、その最初のローカルな停泊地として都市を選ぶ。グローバルシティはその象徴であった。だが、越境的な「流れ（フロー）」に根拠を置くグローバルシティが実際に作り出したのは、どこでも、超高層のオフィスビルやタワー型マンションといった鈍重な巨大建造物の群れであった。それらは不動産バブルや金融危機といった形をとりながら、その脆弱さを露わにしていく。新自由主義や少子高齢化、それらにともなう格差拡大の結果、不安定な生活を強いられる人びとが暮らす劣悪な住宅群が、豪奢な超高層ビルに寄りそう。こうした「二重都市」の風景は、世界のメガシティに共通の景観といってよい。そして、さらにその先には、度重なるテロや戦争、災害が現出させてきた、廃墟の都市の風景が鈍く重なる。

今日、差別や格差は再び、空間という形をとって姿を現している。日本の場合、かつての総中流化のように、均質化の試みを通じて全体を底上げし、それによって縁辺層を統合しようとする配慮は、もはやシステム全域には行き渡らなくなっている。その結果、これまでは隠蔽されていた格差がさまざまな空間的様態をとりながら露出し始めている。

グローバリゼーションや新自由主義、情報通信革命などに対応する余裕をもつ層であれば、自ら移動したりトランスナショナルな情報空間を構築したりすることにより、それらの影響をコントロールすることも可能であろう。これに対して、そうした余裕をもたない層が鈍さを増す空間と直に接することを余儀なくされる。

格差や差別は空間という形をとって姿を現す。また、空間を介してそれらは増幅される。いかにネット空間が拡大したとしても、人は、身体（＝モノ）の置き場所としての物理的空間なしには生きていけない。この「モノ」性という最後の一点において、都市と人はふたたび出会う。いま、空間を論じなければならない理由のひとつがここにある。

「空間と権力」論は、たとえば監視社会や要塞都市、ゲイト付きコミュニティなどをテーマに、統制や管理という主題へと収斂させられてきた。しかし「空間と権力」というテーマは、これとは対照的な文脈でも近年たびたび論じられている。公共空間としてのストリートの可能性、それはこう呼ぶことができようか。ニューヨークにおけるオキュパイ運動、台湾や香港など各地の民主化運動、そして福島原発事故以降の脱原発デモなど、「ストリートを取り戻す」活動は世界各地で新しい動きを見せつつある。[*3]だが、ストリートに充たされているのは民主や人権を求める声だけではない。ヘイトスピーチを含め、排外主義的な運動が展開する舞台ともなっている。ストリートは文字通りアリーナ化している。

多様な権力や権力作用が物理的空間へと再びしみ出してきている。ネット空間がこれほど拡大したにもかかわらず、なぜ物理的空間なのか。この点は現代社会論における重要なテーマのひとつとしてある。ただし以下で論じたいのは、こうした「空間の権力性」一般ではない。そうではなく、一見ありふれた都市空間に埋め込まれている権力や権力作用がテーマとなる。それはなぜか。

テロや災害、パンデミックなどの出来事を立て続けに経験した現代都市は、過剰ともいえるほどリスクに敏感となり、空間管理はその深度を増してきた。たとえば、監視カメラの存在は日本でも２０００年代に入りごく当たり前の風景になってしまった。だが「むき出し」の監視の拡大は、「監視社会」化のいわば表層にすぎない。現実の変化の大部分は、そうした象徴的な変化の背後で、あるいは周辺で、ごく「普通」の場所の利用や性格づけをめぐって展開している。その形態は一見、差別や権力からは遠い。しかし日常的な分だけ、あらゆる領域へと浸透しまた応用されていきやすい。

現代の都市社会において、差別現象と深い関わりをもつ権力作用が、変化する空間との関わりのなかで多様な形を与えられていく過程を明らかにすること、これが本章の課題である。本論で対象とするのは、多くの人びとが暮らす日常生活世界のなかに埋め込まれてしまっている権力である。ただし、権力作用の脅威をあおるのが目的ではない。なぜなら、日常性の空間とは、格差や差別に直面した個人がミクロな異化や反抗を具体化していく最初の現場でもあるからだ。空間は、身体の置き場をどこかに見つけなければならない人間にとって、最初でかつ最後の拠り所としての意味をもつ。境界を越えて移動する人びとと、居場所を失ってしまった人びと、路上で暮らす人びと、そして引きこもる人びと。既成の社会から距離を置く人びとが増えるなか、それでもこうした人びとが社会とぎりぎりの接点をもちうる微細で個別的な場面として、物理的空間はその意味をもち続ける。

要約しよう。筆者がめざすのは、「強さ」のストリート論ではない。そうではなく、言わば「弱い」ストリート論である。しかしその「弱さ」の中にこそ、権力を掘り崩していく野生のストリートの可能性が潜んでいる。

2 微空間の政治――複数の流動的レイヤーとしての都市空間

路上の作業の末に、はたしてどのような都市の姿が浮かび上がってきたのか。もう一度、渋谷の街に戻ることにしよう。私たちがそこで気がついたこと、それは、ストリートの公共性を構築し、また解体していく複雑で重層的な社会－空間生成の過程であった。ただし、空間のレッスンを経て私たちがたどり着いたのは、「公―私」や「開放―閉鎖」といった単純な対比ではなかった。そうした二分法では表現しつくせない空間の厚みをいかに感じとり、語り、また説明していくか。たとえば、ひたすら歩みを進めながら気がついたことのひとつに、普段見慣れているはずの空間が、身体の置き場という点でみた場合、実に多様な「深さ」をもっていることであった。

まず路上。一見どれも同じに見えるこの空間は、道幅、材質、形状などの物理的特質はもちろん、人通り、歩く人のスピード、まわりの風景などによっても、その居心地が大きく異なる。そもそも公的な街路であればどこでも自由に動き、止まることができるはずと思っていたのに、実際にはそうとは限らない。渋谷の街を移動しているとき、不自然な私たちの存在に気がつき、声をかけてくるアクターに何度か出会った。路上を管理する警察官はその筆頭だが、このほかにも、たとえば、場外馬券売り場周辺でお客の整理をする警備員、超高層の高級マンション下の公道で「不審者」を見張る管理人などが、「私警」として空間を管理する。

都市にはさらに、道路に沿う形で多様な空間が連なっている。児童公園、都市公園、広場、路地、

公園や街路に掲示された看板（左：渋谷、中：新橋、右：代々木公園）（筆者撮影）

地下通路、公開空地、空地、土手、歩道橋下、ガード下、寺社のような屋外のスペースから、カフェ、コンビニ、レストラン、ファッションビル、ショッピングモール、デパートのような建造物に至るまで、それらはさまざまな形をとる。

そこで何をすることができるのか、できないのか。そもそも、そこに立ち入ることはできるのか。行為の規則はしばしば、掲示や看板というかたちで明示される。ただし、写真をみてもわかるように、その指示の仕方は、禁止事項を直接明記するケースから、「招かれざる人びと」に向けて威嚇をするケースまで、多様である。

すべてが禁じられているわけではない。だが、何でもが許されるわけではない。明示されている規則は、実際には、その場の利用のあり方を律するコードのごく一部でしかない。都市空間の具体的な場のそれぞれにおいて、何ができて何ができないのか、その選択の現実的な可能性が、当該の空間を分有する人びとに対して、一定の強制力をもって迫ってくる。こうした暗黙の規範の束を、「ふるまいのコード」と呼んでおこう。冒頭で述べた体験を経て、最終的に取り出された路上のコードとは、たとえば次のようなものであった。

・（その場に）入れる／入れない

・（自らの姿を周囲へ）見せられる／見せられない
・（そこに）留まれる／留まれない
・（そこで）語ることができる／語ることができない

実際に「入る」のか、「入らない」のか。それを決めるのは、街を歩く一人ひとりの行為者の意思に基づく。その意味で、コードとは絶対の命令ではない。しかしながら、多数の人びとが無意識に似た行為を繰り返すうちに、あいまいな「決まり」はより硬い「規則」へと姿を変えていく。

都市の微空間は、「入れる／入れない」「見せられる／見せられない」「留まれる／留まれない」そして「語ることができる／語ることができない」といった、相対的に独立したふるまいのコードの重層とそれらの対比によって特徴づけられる。これらは複数のレイヤーとして空間を蔽い、都市の微空間のあり方を秩序づけている。

「公共性」の荒野にて

ここまで述べてくると、ストリートのあり方が、たとえば、H・アーレントによる公共性の定義とも微妙に響きあっていることがわかる。齋藤純一[*4]はアーレントによる公共性の概念を、「自らの『行為』と『意見』に対して応答が返される空間」と要約した。

どこかの場所にいるとしよう。そのとき、自らの姿がまわりから分け隔てなく「見られる」ことができるかどうか。自らの語りがまわりから分け隔てなく「聞かれる」ことができるかどうか。公共性は前提として「オープンであること」を必要とする。逆に、「オープンであること」は、それ自体で公共性を呼び込むきっかけとなる。[*5]

現実のストリートが完全な意味で公共空間となることはありえない。しかしショッピングモールのようなスペースは、内部がいかに「自由」で充たされていたとしても、最終的には排除の空間であるしかない。商品化されそこでの語りがきびしく統制された擬似ストリートは、公共空間からはなお遠い場所に位置している。

むき出しの路上には、この点で、いくつかの可能性がつねに残されている。

第一に、空間のすみずみまでが所有権によって微細に分割された都市では、人はどのようにふるまおうと他者の私的空間に立ち入らざるを得ない。多様な接点が作り出す連続的な境界を乗り越える実践が日常的に繰り返されるなかで、都市空間にはあいまいな領域が否応なく用意されていく。秩序を好む権力者はしばしば、空間に付与される「ふるまいのコード」を限定的な形で列挙し尽くそうとする――たとえば、「留まることのできる場所」はここだけ、という具合に。空間の「透明化」はリスクを恐れる現代社会の時代的要請でもある。だが、白か黒かで空間を区別する作業は実際には恣意的なプロセスを含む。現実の都市空間でそれを完徹することは不可能に近い。都市は、その物理的特性ゆえに、あいまいさや恣意性をつねに本質として伴わざるを得ない。

第二に、各コードは相互に連関しあうものの、特定のコードが他のコードを排他的に規定してしまうことはない。たとえば、「入れる／入れない」と「留まれる／留まれない」は一見すると累積的な関係にある。「入れる」ことが前提となって初めて人は「留まれる」。論理的にはその通りだが、しか

2011年4月30日、渋谷の路上にて
（左：脱原発デモ風景、右：ハチ公前広場の集団風景）（筆者撮影）

し路上の現実はもう少し奥が深い。行き場をもたない人びとが「入れない」とされる場所に留まり、「留まる」ことがやがて「入れる」ことの根拠になっていくことは、現実の空間においてはそれほど珍しいことではない。

第三に、コードの内容はつねに流動的でもある。週単位や月単位の変化はもちろんだが、たとえば、同じ場所が一日の時間帯によっても性格を変えてしまう。公園は本来24時間利用可能な場であるが、さまざまな事情でしばしば夜間閉鎖されてしまうことがある。逆に、日中は許容されないが、深夜になると居場所として野宿者による利用が暗黙の了解として許容される通路や路上空間もある。

路上の空間実践の一形態であるデモは、いまでも瞬時で場所の空気を変えていく力をもつ。２０１１年３月、東京電力福島第一原発の事故以降、デモはふたたび都市の街頭へと戻ってきた。たとえば、震災からまだ1か月あまりしか過ぎていない渋谷でのことだった。脱原発を求める数百人の人びとの列は代々木公園を出発し、静かに渋谷駅をめざして歩いていた。やがてその列が渋谷駅前のスクランブル交差点に差し掛かったとき、人びとが遭遇したのは、ハチ公前広場で多数の日の丸を掲げる集団であった。「戒厳令」の法制化などを主張する「極右」の集団の前を、個人参加が多い雑多な行進がゆっくりと過ぎていく。「見られる」ことの力。「聞かれる」ことの力。その瞬間、路上のオープン・スペースは確かに静かなアリーナとなっていた。

こうしたふるまいのコードは、実際の都市において、どのように組み合わされ、空間を構成しているのだろうか。次節ではこのことを、都市の多様なオープン・スペースを対象に考えていくことにしよう。

3　オープン・スペースの現在——流動化する空間を取り戻すために

折り重なる「管理」と「自由」——「オープンであること」の不自然さをめぐる闘争

身体とそのふるまいをコントロールする秩序は、どのような空間を都市のなかで作り出しているのか。また、そこではどのような社会‐空間的秩序が構築されているのか。差別や格差はどのように出現し、また乗り越えられていくのか。空間分析をストリートからもう一歩先に進めることにしよう。対象とするのは都市のオープン・スペースである。

「オープン」とは何か。空間がオープンであるということは、何を意味するのか。初めにこのことから考えていこう。

オープン・スペースといったとき初めに思いつくのは、物理的に開かれているかどうかであろう。しかし、生きた都市という文脈においてみたとき、「オープンである」ことの要件は単に物理的条件だけにとどまらない。たとえば、形態的にみて開放性を備え、機能的にみて柔軟性をもち、意味的にみて多義性をもつとき、その空間は「オープン」な特性を増す。

なぜいま、オープン・スペースなのか。その理由のひとつは、都市空間変動の現代的特質に基づく。たとえば近世都市、明治維新前の江戸にも開放的な空間は存在していた。民衆が集う流動的な空間――河岸、火除地、広小路、寺社の門前など――は都市文化の豊かさの基盤となっていた。しかし、身分制が支配する時代にあって、オープン・スペースとしてこれらが果たしうる役割には大きな限界があった。

明治維新以降、東京の都市空間は、近代化を進める舞台として再編されていく。現在の東京がストックとして保有しているオープン・スペースの多くは、近代化の過程で国家によって一度占有された空間であった。都心の大規模な公園や広場の多くは、第二次大戦前に皇室用地、華族の邸宅、軍用地として、また戦後においては占領軍による接収地として、一度囲い込まれたものが多い。オープン・スペースは、権力者による「恩賜」として、あるいは支配層の権力失墜の結果として、大衆に開放されてきた。

1980年代以降、土地利用のあり方、そして背後にある空間権力は新たな段階を迎える。19世紀末以来、大都市を空間的に占有する要素として大きな影響力をもったのは工業生産や物流といった活動群であった。しかし脱工業化の進展とともに工業や物流が占めていた空間の遊休化・空洞化が進む。

機能と空間の対応関係が大きく揺らぎ、空間利用のあり方が再流動化する事態は先進工業国に共通した現象といってよい。この流動化に直面した都市空間は「ソフト・ロケーション」と呼ばれる。[*6]

流動化する空間をどのような利用形態へと明け渡していくか。とりわけ、ソフト化する場所を人びとに開かれた空間として保持していけるか。グローバリゼーションと新自由主義という現代社会のトレンドは、ここでも問題の基調を形づくっている。

第一に、規制緩和や商品化という形をとりながら空間形成にも新自由主義の力が作動している。市場原理の導入、都市開発の民営化がすすむ都市において、ソフト化する空間は再商品化の主要な舞台となっている。この結果、脱工業化段階の都市において、建造環境や空間は資本蓄積の循環へとさらに深く組み込まれつつある。

第二に、グローバリゼーションの進行は、都市のローカルな地点に新たな機能や意味を付与する多様な実践を生み出してきた。ソフト化する空間は、グローバルシティの経済拠点へと転用される。しかし同時にそこは、移民などマイノリティ住民がローカルな居場所を見つけ出す場としても再発見されていく。

第三に、オープン・スペースは、セキュリティへの関心が高まるリスク社会において、「安全と自由」がせめぎ合う場所として位置づけられていく。

再流動化する都市空間をいかに「開いて」いくか。格差や差別の問題にも通底する基本的課題がここにある。放っておけば、ソフト化する空間は商品化の力によって飲み込まれてしまう。これに対して、都市空間を、多様な人びとの実践に対して開かれ、それゆえ既存の構造に対してさまざまな揺らぎをもたらしうる空間としていかに確保していくか。オープン・スペースとは、その利用や定義をめぐって潜在的・顕在的な紛争や緊張がつねに起こる場所としてある。しかし同時にそれは、現在の知恵ばかりでなく未来の知恵を生かすための創造の舞台でもある。

オープン・スペースの現場から

オープン・スペースには、いったい誰がいて、誰がいないのか。そこでは一体何ができ、何ができないのか。そして、そこでは何が見え、何が見えていないのか。具体化される建造環境、呈示される社会関係や生活様式、それらを導く理念や原理をめぐり、オープン・スペースではさまざまなアクターが競合・衝突し、また共同し合っている。

そのトータルな変動の方向を明らかにするため、筆者らは、2003年と2006年の二度にわたり、東京における多様なオープン・スペースを実際に現地で観察・記録するプロジェクトを企画した。[*7]作成された合計128か所の「オープン・スペース」記録をもとに、東京におけるオープン・スペースを、7つのタイプに分類した結果が、表1である。

さまざまなオープン・スペースを訪れ観察を重ねるなかで、空間的な形状はさまざまに異なる一方で、それらを越えたある種の共通の特徴がそれぞれの場を形作っていることに気がついていった。

たとえば管理と自由という一見対立する契機は、それぞれの場所において、単純な二分法として存在しているわけではない。むしろ、それらは相互に入り組み、重層的な形をとりながら一つの場所に「秩序」をもたらしている。オープン・スペースとは物理的に完成され、それで完結するようなもの

表1　東京におけるオープン・スペースの類型

オープン・スペース類型		◎誰がいるか／●誰がいないのか	管理の技法	東京における事例
街路・駅前広場		◎歩行者 ◎（夜間）スケートボーダー、バンド、野宿者	交番 暗黙の規範 監視カメラ	主要な盛り場
公園	街中に埋もれた小公園	◎近隣住民、通り抜けの通行人、野宿者（昼中心）	警告看板、住民のまなざしと自主管理	都心インナーエリアの児童公園、近隣公園など
公園	「すきま」の多い大公園	◎さまざまな来訪者、野宿者	暗黙の規範 警告看板、巡回	上野公園、代々木公園
公園	守りの固い大公園	◎来訪者 ◎野宿者（昼間）	警告看板、巡回 公園事務所	日比谷公園、皇居前広場
公園	再開発が作り出した小公園	ひと気がない ◎近隣住民	警告看板	ウォーターフロントなどの再開発地
再開発が作り出した人工空間（公開空地・私設都市計画公園）		◎労働者と訪問者、観光客 ●野宿者	警備員、警告看板、監視カメラ、空間デザイン	六本木ヒルズや汐留などの再開発プロジェクト、都庁
街にできた「すきま」のいろいろ		◎多様 ◎野宿者	暗黙の規範	路地、寺社、土手、空き地

資料：町村敬志編（2004）『オープンスペースの社会学——東京で／の「すきま」を探す』一橋大学院社会学研究科・社会学共同研究室、18-23頁

ではない。そうではなく、場所を活用するさまざまな空間実践を通じて、日々新たに創造され続けていく。

監視カメラや警備員常置といった露骨な管理形態は、確かにオープン・スペースの自由を減退させている。しかし、それらハードな管理が可能にする「秩序」とは相対的に限定されたものでしかない。またその規模にも限りがある。〈管理と自由〉〈開放性と閉鎖性〉という緊張関係は、実際にはもっと複雑な形で体現させられており、それゆえ調整のメカニズムも一定の幅をもつ。都市空間をいかに寛容で開かれた公共的空間へと近づけていけるのか。

「ふるまい」が生起させる秩序――共振する管理と自由

公園や広場を訪れたとき、さまざまな掲示がさりげなく用意されていることに気がついたことがあるだろうか。物品販売禁止。ボール投げ禁止。スケートボード禁止。寝泊まり禁止。「禁止」項目のリストはしだいに長くなっていく傾向にある。しかしいつの頃からであろうか、実際のオープン・スペースでは単なる「禁止」とは異なる形の管理が台頭していることに気がつくようになっていった。オープン・スペースの管理は、そこに集う人びとによる「自由」な行為を誘導していくことによってむしろ実現されている。

不特定多数の人びとが集まる空間はどのように秩序づけられているのか。もっとも端的なものとしてスクランブル交差点の例がある。信号の指示によって数分おきに作られる場は、ある意味でもっとも管理された束の間のオープン・スペースとしてある。膨大な数の群衆が交錯しあうその場では、定まった方向への移動という目的をもち、各自判断を行う歩行者がおりなす行為を通じて、膨大な人びとが衝突することもなく、空間を共有していく。数分おきにゼロから作られていくこの秩序は、あくまでも人びとのふるまいにより、集合的に生成される。誰もがそこに参加できる点でオープンではある。しかしこの空間は信号の変化とともに、たちまち消え去ってしまう。

何かをさせないことではなく、何かをさせること。このことを通じて秩序は作られる。現代のオープン・スペースにおける管理の機制もまた、これと似ている。多くの禁止が管理の外枠を形作る。しかし実際の管理は身体やふるまいの中に巧妙に埋め込まれていく。

例えば、大規模な再開発によって作られる最近の人工空間には、しばしば、広場やパティオといったオープン・スペースが組み込まれている。そこでは、明白な禁止事項が多数あるわけではない。しかし、さりげなく置かれたパブリックアート、迷路状の空間デザイン、遊歩者を視覚的に誘導する過剰なサインなどを通じて、オープン・スペースの利用形態には実質的な枠がはめられていく。明白な「禁止」ではなく「自由」な行為の誘導が、むしろ人びとのふるまいの管理手段として活用される。

その先に待ち構えているのが「テーマ化」という手法である。空間をデザインする際、あらかじめその場を秩序づけていく「物語」を設定する。そして、用意されたシナリオやキャラクターに基づいて空間を構想し施設を配置していくのが、テーマ化という手法である。*8 テーマパークはその典型事例だが、しかしこのテーマ化の手法は、公的空間を含め、多様なオープン・スペースに応用されている。テーマ化された空間においては、人はあるキャラクター（擬似主体）を演じる。あらかじめ設定されたストーリーに従う限りにおいて、人は付加価値のついた「自由」を満喫することができる。しかし、シナリオに反する行為は、管理者によって直接的に、あるいはその空間を消費する遊歩者から浴びせられる冷たい視線によって、阻止される。またテーマの雰囲気を壊す要素は徹底的に隠される。

これに対して、歴史のある大公園やどこにでもある街の児童公園、ちょっとした広場でも、禁止事項を列挙した無粋な看板やビラを目にすることは今では珍しくなくなった。禁止事項の一覧は人びとの行為の幅を一見厳しく限定する。しかし空間の実際の利用のされ方をよく観察すると、そうした規則と現実の間には、幅をもったある種のすき間があることに気がつく。バンドの演奏やパフォーマンスにせよ、また野宿者の段ボールハウスやテントにせよ、確かに排除や管理は行われる。しかし、空間をめぐるせめぎ合いの経験が蓄積されてきた公園の場合、そこにはつねにあいまいさが同居している。無条件で許容されるわけではない、しかし完全に排除されるわけでもない。こうしたあいまいさの「幅」の広さが、そのスペースの成熟度（「奥行き」）を映し出す。

「入れ子」構造化するオープン・スペース

自由と管理とは、いわば何層にもわたる「入れ子」状の構造を伴いながら、重層的にその場における「秩序」を構築している。ショッピングモールやタワー型の超高層ビルのような、ゲイトつき・監視つきの管理空間を一つの極としながら、しかし現実には、「自由な行為」や「管理された自由」が結果的に形作る「秩序」が、濃淡を伴いながらそれぞれの場所を枠づけている。

管理か自由か、という二者択一的な理解はむしろ現実を見えにくくさせてしまう。なぜなら、差別現象の多くは、むき出しの排除の暴力によってもたらされるのではなく、自由意志に基づく「善意」のふるまいを通じて、姿を現していくからである。

もう一つ別の例を挙げてみよう。街で見かける「落書き」、いわゆるグラフィティ[*9]は、しばしば都市空間の「秩序」と「自由」が衝突しあう象徴的事例として紹介される。しかしグラフィティを実際に観察していくと、別の側面が見えてくる。グラフィティが描かれた壁面が都市空間全体のなかでどのような位置を占めているのか、この点を比較してみた。すると、グラフィティは必ずしもどこにでも無秩序に描かれているわけではないことに気がつく。[*10]たとえば、グラフィティは、人通りの多い、そこに落書きがあっては本当に不便になる場所に描かれることは滅多にない。たとえば2005年の渋谷でいえば、鉄道ガード下のデッドスペース、使われることの少ない歩道橋、異なる土地利用の境界に位置する公園や街路に面したさびしい塀、閉店してしまった店舗のシャッターなどが、典型的なサイトであった。

グラフィティは、壁面の所有者以外の人間が描いた場合、「器物損壊」と見なされる。また、しばしばそれは、無秩序の現れ、あるいはコミュニティ解体の象徴と見なされる。しかし、渋谷で実際のグラフィティを総体的に眺めていくと、そこには都市空間の構築という観点から見えてくる一定の規則性が浮かび上がってくる。グラフィティが描かれる場所は次の二つのケースに大別できる。第一に、利用頻度の低い公共施設や公的建造物に存在する空白の壁面、そして第二に、利用されずに放置されてしまっている私的建造物の空白の壁面である。したがってグラフィティを追いかけていくと、裏返しとして、主流を占めるアクターたちによる配慮が及ばなくなってしまった場所のマッピングができあがる。あるいはこう表現してもよいかもしれない。商業資本や公的配慮からは見放されたすき間を発見し、そこを図像で埋めていくピンポイントな実践として、グラフィティは存在している。

グラフィティとは、既存の利用形態に大きな揺らぎが生じた都市空間が、揺らぎにまつわる危機的状況の現場を可視的な形で自ら表出し、その場所のオルタナティブな活用の可能性を提起する、ある種の合図として作用している。

現実には、都市において壁面を埋めつくす実践はほかにも数多い。一度立ち止まって、回りを見渡してみよう。たとえば今日、広告看板や巨大なビデオスクリーンは、はるかに大きな規模で都市の外壁をおおっている。「見る意思がないものを人から見せつけられる」ことを、仮に視覚的暴力と定義するならば、商業的な広告の示す「暴力性」は、グラフィティと比べても格段に大きい。商業的な看板、あるいは独裁的な社会における政治的プロパガンダの看板。これらは、「消す」ことではなく「塗りつぶす」ことによって、空間を「テーマ化」する。そしてそれによって、多様な声の可能性を消し去ってしまう。

路上の空間管理とは必ずしも、ふるまいを禁ずることによって達成されるのではない。そうではなく、むしろ実際には、ふるまいのあり方を誘導することによって、あるいは別の意味によって空間を埋め尽くすことによって、実現されている。しかも、そこに埋め込まれているのは、管理を行う者をあからさまに支持する記号、あるいは都合のよい意味だけではない。むしろ雑多な記号や意味で空間を塗り込め、行為者による「選択」というチャンス——限られた選択肢ではあるが——をあらかじめ埋め込むことによって、ふるまいは秩序づけられていく。ふるまわせることによって権力は再生産されていく。

限界的居場所としてのオープン・スペース——やせ細る〈企業・学校・家庭〉の外部にて

オープン・スペースの利用者、そして利用形態は現実にはきわめて多岐にわたる。この事実は、一連の調査や観察におけるもっとも印象的な発見の一つであった。家族連れや友人同士、高齢者による散策、ペットの散歩、子どもたちの遊技やスポーツ、たむろする若者たちといった定番の利用のほか、朝であれば体操や太極拳、昼であれば通り抜け、昼休み時のランチ利用、営業職の時間つぶし、夜であれば、ダンスやスケートボード、さらに休日の大道芸、フリーマーケット等々、挙げていけばきりがない。さらに、野宿生活者にとって、都市の各所に埋め込まれたオープン・スペースは、依然としてぎりぎりの居場所としての役割を果たしている。

こうした多様な利用形態は一見すると、まったくバラバラなものと見える。だが、個々のケースを注意深く読み込んでいくと、その形態の背後には、ひとつの共通の力が働いていることに気がつく。すなわち、オープン・スペースとは、市場原理を軸とする社会の再編が大規模に進行するようになって以降、企業、学校、家庭といった支配的活動領域からはみ出していく多様な人びとが、自らの居場所を求めて共存する場所となっている、という現実である。

学校、企業、家庭という領域はいずれも、戦後の日本社会において、人びとに対し居場所を提供するという点で、優越的な地位を占めてきた。これら各領域は、成員に対してときに排他的な帰属意識を要求する反面、それと引き替えに、経済的利得や社会的地位から連帯感やアイデンティティに至るまで、多岐にわたる資源を人びとに提供してきた。

だが1990年代以降、学校・企業・家庭が居場所を提供する力は急速に弱体化している。市場原理の導入、競争の激化によって、企業や学校では成員の選別が進みつつある。競争を勝ち抜き社会的評価を上げるため、各集団はそれぞれのコア機能に活動を集中していくことを求められている。その結果、本業に直結しない機能や部門は切り捨てられるか、外部化される。従来のような「面倒見のよさ」はもはや保持できない。価値観が多様化する中で、家庭もまたそこに生まれるすき間をもはや十分には埋められない。

〈企業・学校・家庭〉という支配的領域が相対的な影響力を低下させていく中で、そこから排除されたり離脱したりしていった人びとの居場所を、どのように空間化していくか。また、拡大するすき間をどのようにして埋めていくか。都市のオープン・スペースには、新しい課題が突きつけられている。

こう考えていくと、職場や家庭からの離脱を余儀なくされた野宿生活者、定年によって企業社会を卒業した高齢者、社員食堂が廃止された会社員やそもそも社内では肩身の狭い思いをしている非正規職員、そしてフリーターとしての「自由」を求めつつ「格差」にあえぐ若者らが、例えば、一つの公園や広場を共有する風景というのは、決して偶然の産物ではないことがわかる。また、〈企業・学校・家庭〉からなるホスト社会・日本の支配的構造の周辺部に置かれた外国人住民が、しばしば真っ先に公園や広場で自らの束の間の居場所を作り上げてきたことも、決して不思議ではない。[*11]

オープン・スペースとは、企業や学校、家庭の間に広がる単なるすき間ではない。そうではなく、元来限定的でしかなかったはずの企業、学校、家庭といった領域が埋め込まれている、市民社会の物的な基盤として存在している。それをどのように再構想していくか。市民による公共空間の具体化という、古くて新しい課題がそこには待ち受けている。

開放的であるということの権力性——オープン・スペースの来歴

しかしそれだけに、オープン・スペースが直面する今日の状況に対して、私たちはより深い注意を向けなければならない。なぜなら空間の商品化がさらに浸透した今日、開かれた空間を作ろうとする営みじたいが、むしろ逆に都市のオープン性を縮小したり解体したりしてしまうという矛盾に、直面しているからである。

空間の商品化という流れは都市のオープン・スペースやあらゆるすき間に容赦なく押し寄せつつある。良好な住環境を守るために保持された土地利用や建築物に対する規制が、土地の有効利用の名の下に順次緩められてきた。とりわけ、２０００年代に入って本格的にスタートした「都市再生」政策は、指定された地点において従来保持されてきた計画的配慮を度外視した超高層化を可能にし、再開発を後押ししていった。[*12] 空間生産の布置は大きく変化し、そのことが「オープンであること」の構造的基盤を掘り崩してきた。変化は、都市空間をその限界的領域において活用している層を直撃し、その居場所を奪っていった。

例えば、「公開空地」と呼ばれる空地がある。こう言っても、読者の多くはすぐにイメージが浮かばないかもしれない。「公開空地」制度とは、高層ビルを建てようとする際、施行者が、建築基準法等で定められた最低基準よりも広い空地を敷地内に用意しそれを「公開」とすることで、容積率の割り増しというボーナスを受けられる制度を指す。これにより、施行者はより高層のビルを建てられる一方、都心ではなかなか確保できないオープン・スペースが提供されることになる。

日本において、超高層ビルが周囲に広がる広場状のスペースに囲まれ、結果的に「タワー型」の形状になりやすいのは、ひとつにはこうした事情がある。再開発では建設費をまかなうため利益に直結する床面積は広ければ広いほどよいとされる。そのため、結果的に公開空地は都心の至る所を占めるようになっている。公開空地はその名の通り、不特定多数の人びとの通行や利用に対し開かれていることが求められる。[*13] しかし公開空地は多くの場合、私有地でもある。このため空間の所有者は巧妙な形をとりながら公開空地の空間を自らの意図に沿って管理しようとする。実際に各所で観察すると、こうした空間ではしばしば厳格な利用規則や監視を通じて事実上の排除が実現されている。あるいは空間の商品化、空間デザイン、雰囲気づくりを通じきびしい管理が行われている。その結果、都心の他の空地と異なり、公開空地でたとえば野宿者の存在を見かけることはあまりない。

近年の大型化する都心再開発においては、公開空地を含め、人びとが行き来できるオープンな広がりが売り物になっていることが多い。それ自体としては好ましいこうした広場は、実際には必ずしも居心地のよい空間とはなっていない。

振り返ってみると、オープン・スペースが乏しい江戸にあって、それを補ってきたのは、「辻」「原」「坂」といった名前で呼ばれる小さな場所の群れであった。[*14] これら微地形は、自然事象や出来事と関係づけられる中で「意味」を持ち、また日常生活に埋め込まれることによって「場所性」を獲得してきた。公開空地が、公園や広場を補完する、新しい「辻」のような存在となれるかどうか。場所性の獲得に向けて、さまざまな知恵が試される必要がある。

4 「鈍さの都市」において空間を取り戻す――グローバルシティで「すき間」を探す

近代化が都市化と単純に同一視されていた時代、都市空間は、モダニティという変化の先頭を走る空間として、独特の光を放っていた。だが、競争力の源泉が「いかに空間を保有するか」から「いかに速さを実現するか」へと移行し、また情報フローや社会関係の結節作用においてインターネットの力が強くなるにつれ、都市空間のもつ象徴的な意味は大きく変化してきた。都市は、変化への「素早さ」を体現するのではなく、むしろ変化に対する「鈍さ」を象徴する場所としての一面をもち始めている。

第一に、巨大な建造物の集積であり、また記憶の集合的な収蔵体である都市は、「容易に変わっていけない／いかない」場所である。

第二に、ネット世界と違い、生身の人間どうしが否応なく直接の接触を経験する場としての都市は、「個人にとって制御のむずかしい世界」であり続ける。

第三に、見慣れないもの、制御不能のものとの出会いが避けられない以上、都市で暮らす営みには、自らにとって「不快なもの」「不安なもの」との遭遇がつねに含まれる。それゆえ人は、すべての空間を透明にし、あらゆる「リスク」を管理したい欲求に、ついとらわれてしまう。

しかし大切な点は、第一に、都市空間ではつねに複数の異なる「場所をつくる力」が働いていること、第二に、私たちはそれら複数の力がつくる網の目を瞬時のうちに読み取りながら「ふるまい」を行っていること、である。そして第三に、こうした力の網の目はとても巧妙ではあるが、しかし多くのすき間をもっているということ、この点を強調しておこう。

鈍さを増すこの都市を、多様な可能性に向かって「開いて」おくことはいかにして可能か。オープン・スペースの長い歴史、そしてそこで今も繰り広げられる実践の中には、こうした問いに答えを出していくための豊富な経験が蓄えられている。20世紀の初め、随筆『日和下駄』の中で永井荷風は、形成されつつあったモダン都市・東京を目前にして、「閑地」の存在を街の遊歩者としての視点から批評した後、その文章をこう締めくくった。

東京市の土木工事は手をかえ品をかえ、孜々として東京市の風景を毀損する事に勉めているが、幸にも雑草なるものあって焼野の如く木一本もない閑地にも緑柔き毛氈を延べ、月の光あってその上に露の珠の刺繍をする。われら薄倖の詩人は田園においてよりも黄塵の都市において更に深く『自然』の恵みに感謝せねばならぬ（永井荷風、野口冨士男編（1986）『荷風随筆集（上）』岩波文庫、79頁）。

とりわけポストモダン以後の都市では、空間が過剰な意味によって絶えず充たされ続けている。だがそんな現代都市にも、実際にはさまざまな閑地が存在する。あじけない公開空地、夜間閉鎖されてしまう公園、監視カメラによって守られた広場、演出された「自由」で充たされたモールやアウトレット、……。それらは決してオープンな空間ではない。しかし、どんな場所においても、人びとはすき間を直感的に感じ取り即興的にわがものとしていく知恵をもつ。

現代の〈閑地〉に、思いがけず潤いをもたらすような「雑草」は存在するのか。あるとすれば、それはどのような形をとって姿を現すのか。答えは一つひとつの場所の中で見つけ出していくしかない。

【注】

＊1　この路上観察は、2005年8月に一橋大学社会学部町村ゼミ（3年）の調査プロジェクトとして実施された。直径1キロ、全長5キロ弱の行程をまる2日間使い、ゆっくりと移動していった。研究成果は、町村敬志・一橋

大学社会学部町村ゼミナール編『路上の空論――ストリートの〈現象学〉』（２００６年3月）としてまとめられた。本章の一部は同報告書に収められた町村によるあとがきに基づく。

＊2　都心を中心とする円周に沿って盛り場を歩くという手続きは、日本都市の歴史的構造がもつ特質から考えると実際には「意味」がないわけではない。東京の繁華街は、しばしば同心円状の三層構造をもつ（松澤光雄（1986）『繁華街を歩く　東京編』綜合ユニコム）。この説に従えば、半径５００メートルの円周上は三層の一番外側に位置する「周縁域」と重なる。松澤によれば、そこには風俗産業やラブホテル、料亭などが立地するとされ、渋谷の場合も駅西側を中心にその指摘は妥当している。

＊3　毛利嘉孝（2009）『ストリートの思想――転換期としての１９９０年代』日本放送出版協会

＊4　齋藤純一（2000）『公共性』岩波書店、vii頁

＊5　「街頭」の力は人びとを公共空間と遭遇させるきっかけとしてなお無視できない。２０１０年実施の全国調査（有効回答数5,121）によれば、２００９年に寄付を行った人の直接のきっかけ（複数回答）の第1位は「街頭でのよびかけがあったから」（31.7%）、第2位が「近所の人が集めにきたから」（30.8%）、第3位が「関心があったから」（19.4%）、第4位が「インターネットで知ったから」（16.5%）であった（日本ファンドレイジング協会（2011）『寄付白書2010』日本経団連出版、三九頁）。

＊6　ソフト・ロケーションについては、Marcuse, P. & R. van Kempen (2000) "Conclusion: A Changed Spatial Order," P. Marcuse & R. van Kempen, eds., *Globalizing Cities*, Blackwell. を参照。

＊7　本データは、一橋大学社会学部の講義「社会集団論（２００３年度）」「地域・都市社会学（２００６年度）」の一環として実施された観察記録に基づいて作成された。受講者はオープン・スペースについての講義を受けた後、実際に現地に出かけ、一定の条件の下で観察を行って2か所のレポートを完成させた。地点選択においては町村が用意した代表的なオープン・スペースのサイト・リストから1か所を選び、さらに各自の判断と関心でもう1か所を選択した。町村は提出レポートを編集した上で報告書を作成印刷した（町村敬志編『オープン・スペースの社会学――東京で／の「すきま」を探す』一橋大学大学院社会学研究科・社会学共同研究室、２００４

年、町村敬志編『パブリック・スペースを読み解く――東京「サイト・レポート」集成』一橋大学大学院社会学研究科・社会学共同研究室、2007年）。

*8　テーマ化の空間的インパクトについては、Michael Sorkin, ed. (1992) *Variations on a Theme Park: The New American City and the End of Public Space*, Hill & Wang Publications を参照。

*9　グラフィティは、その様式によって、行為者の呼称や集団名を手短に書き付ける「タグ」、一色ないし二色で描かれる「スロー・アップ」、多くの時間と高度の技術を要する「ピース」などに大別できる（南後由和・飯田豊（2005）「首都圏におけるグラフィティ文化の諸相――グラフィティ・ライターのネットワークとステータス」『日本都市社会学会年報』23号一〇九～一二〇頁）。渋谷で見られたものは多くがタグないしスロー・アップであった。

*10　渋谷におけるグラフィティの発見と分析については、とくに井上紗彩・鎌田周平両氏（当時、一橋大学社会学部）の膨大な観察記録に負っている。その分析は、町村敬志・一橋大学社会学部町村ゼミナール編『路上の空論――ストリートの〈現象学〉』（2006年3月）に収められている。記して感謝いたします。

*11　1990年代の初め、代々木公園にできたイラン人の「たまり場」について、町村敬志（1999）「グローバル化と都市――なぜイラン人は『たまり場』を作ったのか」奥田道大編『講座社会学4　都市』東京大学出版会を参照。

*12　上野淳子（2008）「規制緩和にともなう都市再開発の動向――東京都区部における社会‐空間的分極化」『日本都市社会学会年報』26号を参照。

*13　公開空地の設定による建築基準の特例制度でもっとも代表的なものは「総合設計制度」である。ただし公開空地の実際の定義や形状、利用についての規定は、各自治体の定める「総合設計許可要綱」によっており、内容にはかなりの差がある。2010年東京都の場合、「東京都総合設計許可要綱」の「第1　総則」「4　用語の定義」で、公開空地を「計画建築物の敷地内の空地又は開放空間（建築物の低層屋上面、ピロティ、アトリウム等をいう。）のうち、日常一般に公開される部分」とした上で、「特定行政庁が深夜等に閉鎖することを認めるもの

を含み」として、24時間公開ではないケースを認めている。これに対して、たとえば大阪市の場合には、大阪市住宅局建築指導部「総合設計制度による公開空地整備ガイドライン」（平成7年6月）の中で、「公開空地の公開性を保つ」ことを条件として挙げ、「・歩道状公開空地や広場状公開空地では、一般の人の利用を妨げるような、物品の配置、柵・チェーン等による立入り制限、駐車場としての利用などが行われないよう、維持・管理する。・警備員が配置される場合は、一般の人が利用しにくくならないよう配慮する。・アトリウム等の屋内空間も24時間開放ができるような管理体制にすることが望ましい」ことを明記していた。このように、空間に関わる制度はつねに一定の幅をもっており、実際にどのような空間が生まれるかは、各自治体の理念、ストリートレベルの職員の裁量、そして現場における関係者の力関係に依存している。

＊14　槇文彦ほか（1980）『見えがくれする都市』鹿島出版会、四七頁。

第2章

変化に溺れる社会の不安

――「へんなおじさんを見たら」という掲示板

荻野昌弘

1　ある掲示板

ある日、浜松市のある神社で、「へんなおじさんを見たら」というふしぎな掲示板をみかけた。この文言のあとには、「芳川ブロック地域安全推進員　東部中学校区青少年健全育成会　浜松東警察署」と記されており、掲示板を立てた主体が誰であるかはわかる。ただ、実際に、「へんなおじさんを見たら」、どのような行動をとればいいのかは明示されていない。地域安全推進員などに連絡すればいいようにも受け取れるが、「見たら」という仮定のかたちで終わっている中途半端な文言だけでは、どのように対処するべきか、はっきりとは示されていないのである。

そもそも、「へんなおじさん」という表現自体が、あいまいである。まず、「へんな」とは何を意味するのか。また、なぜ「おじさん」だけに限定されるのか。そこで、まず、この表現の意味について考えてみよう。

「へんなおじさん」は、「へんな」という形容詞と、「おじさん」という名詞から成っている。おじさんということばには、親戚筋のおじさん、つまり身内を指す場合と、ある一定の年齢以上の男性を指す場合がある。親戚のおじさんは親密な存在で、「へんな」はずがない。したがって、「へんなおじさん」の「おじさん」が、後者の意味であることはいうまでもない。また、おじさんが、ただのおじさんであれば問題はない。それは、年齢と性別に関する特徴の記述にすぎない。ただのおじさんではなく、「へん」であることが問題なのである。それでは、「へんなおじさん」とは、どのようなおじさ

へんなおじさんを見たら（2007年4月6日、筆者撮影）

んなのだろうか。

「へんなおじさん」は、地域住民にとっては、見知らぬ存在のはずである。すでに知っている者、地域住民のひとりは、「へんなおじさん」の対象からは外れているはずである。仮に地域住民のなかに「へんなおじさん」と認識されているひとがいても、それは、この掲示板が想定している対象からは除外されている。「へんなおじさん」は「よそもの」なのである。

ただ、見知らぬおじさんがすべて「へんなおじさん」であるとは限らない。そのうちの誰かが「へん」なのである。おじさんを形容する「へんな」は、辞書では、「普通とちがっているさま、ようすがおかしいさま」と定義されており、どこかに奇妙な点があるという印象評価を与える形容詞である。「へん」かどうかは、「へんなおじさん」を「見たら」、すなわち「見る」という行為によって判断される。見知らぬ存在の外見、ふるまいなどが主観的に「へん」と判断されたら、「へん」になってしまうのである。「へん」かどうかの判断は、判断する主体に完全に任されており、それは恣意的である。

もうひとつ、この掲示板の文言から明らかなのは、掲示板を立てた主体が、「へんなおじさん」が出現する可能性があるという前提に立っている点である。しかし、実際に「へんなおじさん」が現れるかどうかは、本当のところわからない。それどころか、「へんなおじさん」は、存在するかどうかさえわからない。実は、「へんなおじさん」は、いるかもしれないし、いないかもしれないような、なかば架空の存在なのである。

2 「へんなおじさん」に関するエピソード

「へんなおじさん」に類するひとを見たというエピソードは、さまざまなところで散見される。たとえば、柳田国男の『遠野物語』には、「へんなおじさん」のような存在についての話が数多く出てくる。

柳田国男は、『遠野物語』で、次のような話を書き留めている。


昨年のことなり。土淵村の里の子十四、五人にて早池峰に遊びに行き、はからず夕方近くなりければ、急ぎて山を下り麓近くなる頃、丈の高き男の下より急ぎ足に昇り来るに逢へり。色は黒く眼はきらきらとして、肩には麻かと思はるる古き浅葱色の風呂敷にて小さき包みを負ひたり。（中略）山男かと口々に言ひて皆々逃げ帰りたりといへり（柳田　1989：53）。

こどもたちが、「色は黒く眼はきらきらとし」た「丈高き男」まさに「へんなおじさん」を見て、逃げ帰ったという話である。この男性は、たまたま土淵村の近くを通りかかったにすぎないのかもしれないが、こどもたちは、恐怖心を抱き、「山男」というイメージをこの男に付与している。この話が、遠野で語られているのは、こどもたちの恐怖心が、遠野のひとびとによって共有されているからである。

『遠野物語拾遺』では、もう少し複雑な話が出てくる。それは、「関口という沢から毎市日の様に出て来ては、色々な物を買って戻る男」に関する話である。この男は、「顔じゅうに鬚が濃く、眼色が変わっているので、町の人はあれはただの人間ではあるまいと」考える。鬚と眼色が「変わっている」、つまり「へんなおじさん」と見なされるのである。しかも、「町の人」は、「ただの人間ではあるまい」と思うだけではなく、「殺して山田湾内の大島に埋めた」。話は以下のように終わる。

そのゆえであったか、その年からたいへんな不漁が続いたという。これは山田町へ駄賃づけに通うていた、土淵村の虎爺という老人の若かった頃の話である（柳田　1989：116-117）。

この短い話には、五つの関係性を読み取ることができる。それは、（1）「男」と「町の人」との関係、

(Ⅱ)「町」と「土淵村の虎爺」との関係、(Ⅲ)虎爺と柳田にこの話を話した佐々木鏡石の関係、(Ⅳ)佐々木鏡石と柳田の関係、そして、(Ⅴ)この話を書いた柳田国男と読者の関係である。

まず、(Ⅰ)の関係では、男は、「ただの人間ではない」と見なされ、「町の人」によって殺される。しかし、具体的には、誰が殺したのかは、はっきりわからない。それどころか、本当に殺されたのかどうかもわからない。なぜなら、これは、「土淵村の虎爺という老人の若かった頃の話」で、実際に殺人があったことを示す史料ではないからである。

次に、この話を語った虎爺は、町に住んでいるわけではなく、使いで町に行っていたにすぎない。ある意味では、関口の沢の男と同様のよそものである(Ⅱの関係)。その虎爺が、なぜ、この殺人事件(虎爺によればの話だが)を知っているのか。それは、よくわからない。あるいは、町の誰かからうわさ話を聞いたのかもしれない。もし、そうだとしたら、実際に殺人があったのかどうか、そもそも関口の沢の男が存在したのかどうかさえ、よくわからない。ただ、「そのゆえであったか、その年からたいへんな不漁が続いた」と虎爺は語っており、男を殺害したため、町はその後不幸を招いたという落ちを付けている。これは、単に殺害はよくない行為であることを示すだけではなく、よそものに害を与えると、町に不幸が訪れるということを暗に意味している。

この話が、町に不幸が訪れるという結末で終わっているのは、語り手が、町の出身ではなく、よそものだったからであろう。話自体が、よそものの立場、場合によっては、関口の沢の男のように殺害されてしまう可能性がある者の立場から語られているのである。それは、私のように、「へんなおじさんを見たら」という掲示板をたまたま見つけた、地域には住んでいない通行人に似た立場である。

この点で、こどもたちが「山男」を見たという話とは性格が異なる。こどもたちは、虎爺のようなそのものの立場から、「山男」に出会った話をしているわけではないからである。

虎爺と佐々木鏡石の関係（Ⅲの関係）、佐々木鏡石と柳田国男（Ⅳの関係）、柳田と読者の関係（Ⅴの関係）は、関口の沢の男に関する話が、伝達されていく過程でもある。そして、語り手である虎爺からの距離は、しだいに遠くなる。それにつれて、実際にあった話なのかどうかの真偽が判断できないような一種のうわさ話、あるいは「神話」の領域に近づく。

『遠野物語』の話は、事実なのか、そうでないのかはっきりしない。もうひとつ『遠野物語』とは異なる事例を見てみよう。それは、兵庫県西宮市のある地域で「地区連絡」として回って来た文書である。

昨日、夕方5時45分頃、○○公園付近で、児童が男性に空き缶を投げつけられました。同じ犯人かは定かではありませんが、別の児童は、自転車をつかまれ、倒されそうになりました。（中略）今朝、学校から警察へ連絡して頂きましたので、パトロールしていただけますが、保護者の方も注意してください。今後、このような被害にあわれた場合は、当事者の方が、速やかに警察へ電話していただければ、警察が巡回して下さるそうです。

この文書では、(Ⅰ)「男性」と「児童」との関係と、(Ⅱ)「児童」と「地区連絡」係（そのあいだに「保護者」が関わっている）との関係、(Ⅲ)「地区連絡」と「保護者」および地域住民との関係が読み取れる。

また、地区連絡と学校、警察との関係も間接的には関わっている。「男性」以外によそものが関わらないため、この連絡文書は、『遠野物語』のエピソードに比べ、「事実」に近いように見える。ここに示されているような情報は、誰でも、どこかで聞いたことがあるような内容である。親は子に、見知らぬ人に付いていってはいけないと注意することがある。マスメディアの報道でも、こどもに対する犯罪は大きく報道される。

一方で、この文書と『遠野物語』のエピソードには似た部分もある。それは、いままで見たことがないタイプの外見を持つ人物に出会い、不安になっている点である。先に引用した『遠野物語』のこどもたちと似たような心的経験を持った者は少なくない。外部から共同体に闖入してくる存在への恐怖は、けっしていまに始まったことではないのである。

「へんなおじさん」に対する恐怖は、普遍的なのかもしれない。「へんなおじさん」という表現は、ひとびとのなかにある不安を端的に示しているのかもしれないのである。この不安は、「へんな」おじさんが、地域内でうろうろしていては、困る。それは、地域の治安、秩序を脅かすことになるという判断に結びついていく。これは、ある社会の秩序が、「へんな」存在を排除することによって成り立つことを意味する。

掲示板が設置された地域の秩序が、「へんなおじさん」との対比において考えられているとすれば、一見、なにげない掲示板であるが、ある社会の秩序が、いかに成り立っているかを考えるうえで、これは格好の事例である。いや、そればかりか、この掲示板の存在は、社会秩序を考えるうえで、根本的な意味を持っている。

3 「へんな？ 生徒」の存在――いじめの場合

誰かを「へん」と形容し、「へん」と呼ぶひとびとのあいだには同一性（アイデンティティ）が生まれる。文化とはある集団に特徴的なものを指すと考えるなら、誰かを「へん」と呼ぶ「文化」がそこに生まれる。人類学者のクロード・レヴィ＝ストロースは、文化は「不連続性」を生みだすことによって生まれると指摘している（Lévi-Strauss 1962）。人間の営みに不可欠な文化は、みずからの集団と他の集団を区別するためのものであり、排除を不可避的に伴うのである。「へんなおじさん」を見つけてしまう心性は、人間が文化を通じて、集団の同一性を確保しようとするかぎり、常に社会に付きまとうことになる。

たとえば、ことばは集団内部だけで通じる共通のコミュニケーションの手段であり、この意味で文化そのものである。「日本語」「英語」のような国民国家の言語や特定の地域で話される言語だけではなく、会話で話される話題についての知識がないとコミュニケーションができないこともある。同一のことばを話すひとびとのあいだには、共通の集団に属しているという暗黙の前提が作られる。そこに、集団としての同一性が生まれる。一方で、同じことばを話さない集団もしくは個人の存在は、「へん」に見られてしまう可能性がある。「へん」な存在がよそものである場合、同じことばを話さない可能性も高くなる。[*1]

いずれにせよ、「へんなおじさん」がそのままいては秩序を脅かすと判断され、何らかの対応策が講じられることになる。『遠野物語』の一エピソードの場合、その答えは、「殺せ」である。関口の沢の男が、別に、何か悪いことをしたわけではない。ただ、「顔じゅうに鬚が濃く、眼色が変わっている」だけで、殺されてしまうのである。実際に、殺人事件があったのかどうかはわからないが、遠野物語の世界では、外見が異なるというだけで、殺害されてしまうことがあるということが認知されていることはたしかである。また、地区連絡文書においても、警察への通報という対応策が示されている。つまり、通常は「へんな」誰かを見たら、どうなるか、あるいはどうするべきかに関する答えが示されている。

ところが、「へんなおじさんを見たら」という掲示には、明確な対応策は示されていない。そこには、特定の事件と、それに対する対応策が具体的に書かれているわけではなく、何か事件らしきものがあらかじめ予感されているだけである。ただ、この中途半端な仮定的表現のなかにこそ、現代的特徴がある。そこに、単に異物を排除する文化の特質だけではない別の特徴が見出せるのである。この点を明らかにするために、具体的な問題を取り上げよう。それは、いじめの問題である。

まず、一例を挙げよう。1995年千葉県神崎町で、女子中学生がいじめられ、自殺したという事例がある。女子生徒は、近隣の中学から転校してきた。はじめは男子生徒が彼女のことをからかった。遺書のなかで、女子生徒は、これを「口のいじめ」と表現している。

口のいじめだった。でも私はがまんした。けど、どんどんひどくなっていく。少し学校を休んだ、でも休んでいるうちにもっと行きたくなくなっていた（鎌田　1996: 48）。

女子生徒の母親は、娘が学校生活に不満を抱いていることを聞き、「登校拒否」のときに担任教員に相談していたが、教師は「いやあ、うちの子どももそうですよ」といって、さほど問題視はしなかった。

その後、夏休み明けに、女子生徒は、他の女子生徒から髪の毛を染めたのではないかという疑惑を向けられた。実際には、くせ毛を矯正しようとして、母親の了解を得たうえで、自分でストレートパーマをかけたが、それがうまくいかず、パーマの液で髪の毛が変色したのだが、これを髪の毛を染めたのではないかと疑われたのである。そして、これが、自殺する直接のきっかけになったようである。

以上のような経緯は、女子生徒の遺書と、事件に関するルポルタージュ（主に母親への聞き取り）から理解できることであるが、これだけでは、なぜ女子生徒が自殺してしまったのかがよくわからない。というより、女子生徒はすでに亡くなっているし、母親は、学校生活の一部始終を見ているわけではない。つまり、実際にはほとんど見ていない。何が起こったのか最後までわからない。これは、きわめて重要な点であり、いじめがいじめとして社会的に認知されることの困難、ひいてはいじめに限らず、隠蔽された暴力全般[*2]に通じる問題である。「ことばによるいじめ」を問題視しても、それはよくあることだという話で終止符が打たれてしまう可能性がある。実際、担任の教師は女子生徒の母親に対して、そうした態度をとっていた。言いかえれば、どれほどの暴力が行使されたのかについて調査することは難しいのである。したがって、いじめがどのようなものであるかを理解するためには、想像力が必須となる。

そこで、想像力を働かせて、この事件を見てみよう。当初、男子生徒が「ことば」によるいじめをしたというとき、どの程度女子生徒に対して悪口や罵詈雑言を浴びせたのかは、わずかな証言だけではわからない。しかし、一、二度言われた程度では、死に至る苦しみを与えることはなかったであろう。おそらくは、毎日のように、繰り返し、悪口を言い続けられなければ不登校になることはないだろう。悪口の「数」がどれほどであったかはわからないが、しつこく同じ悪口を言われていたことは疑いないように思われる。

そして、夏休み明けの「髪染疑惑」は、まさに「へんな女子中学生」として、彼女が分類されるかっこうの機会を提供することになる。「わたしたち」は、「黒髪」である。それに対して、黒髪でない女子生徒がいる。これは、よく考えてみると不思議なことではない。茶色がかった髪の毛の中学生もブロンドの中学生も存在するからである。すべての中学生がカラスの濡れ羽色というわけではない。ここで、『遠野物語拾遺』のエピソードに戻ってみよう。そのなかには、「色は黒く眼はきらきらとして」いる男や、「鬚が濃く、眼色が変わっている」男が登場する。つまり、肌や眼の色に特徴を持っている点が強調されている。そして、男たちは、いずれも抹殺の対象となる。黒髪ではない同級生を排除しようとする生徒たちも、同様に髪の「色」を問題視している。

ただ、『遠野物語拾遺』のエピソードと大きく異なるのは、髪の毛の色を基準として、「黒色」と「黒以外の色」に分け、黒以外の色を排除しようという企みが、一見合法的に見える点である。このように見えるのは、生徒たちが、髪の毛を染めてはいけないという校則に準拠しているからである。それは、「黒い髪」が「自然」であるという暗黙の前提に基づいており、いつの間にか、それが黒髪に髪の毛の色を統一するという規則と同一視されている。この規則を守っていない生徒がひとりいるというのは、平等の原則に反する。これが、同級生のひとりを規則違反として非難することへの正当性を与えている。不公平ではないかというのである。それが実際にはいじめるための口実であっても、表面的には正しいように見え、この「言説」に同調する生徒も出てくるであろう。

近代社会は、平等を原則としている。どのような家庭に生まれたか、いかなる出自なのかにかかわりなく、能力によって個々人は評価されるべきであり、何らかの社会的属性によって差別されてはならない。個人の尊厳は法的に保証されている。形式的には、個人の尊厳に基づき、公平に個人の能力を判断するための制度として学校が存在している。いじめが批判されるのも、個人の尊厳を侵害する暴力の行使が許されないだけではなく、こどもの人間関係において、不均衡で、差別的な関係が生まれることが許されないからである。友人関係は平等でなければならない。

しかし、現実には、学校などにおいて選別が行われている。しかも、この選別が出身階層によって決まっている点も、すでに社会学者によって明らかにされている。[*3] 一方で、近代教育制度の目的は、国民としての同一性を与えるためという側面も持っている。教育制度は、日本では「立身出世」の名の下に、有能な人材を国家が確保するために整備されている。西欧でも、国家を主導するエリートを選別するために設けられている。当初から、児童、生徒の人権が現在と同じように保障されていたわけではなく、学校はむしろ、貧しいこどもたちを放置しておけば、社会秩序が脅かされるので、無秩序の要因を囲い込むために設けられた。[*4] たしかに近代国家は、形式的な機会の平等（均等）を保証しているが、それは、「国民」としての文化的同一性を与えるためだった。「国語」の読み書きを学ぶことはもちろん、制服による服装の統一化など外見への介入にいたるまで、学校は、国民としての同一性の感覚を生み出す装置であり、それは、国民の画一化を促している。

したがって、近代国家においては、国家の一員としての同一性（アイデンティティ）を持っている者に対して、それを共有していないように見える者には、「へんなおじさん」のように、「へんな」という形容が付けられる可能性がある。レヴィ＝ストロースが指摘した意味における「排除」をともなう文化的均質性は、近代国家においては、主に学校を通じて形成されているのである。

学校が、平等をうたいながら、実際には選別を行い、平等というよりは画一化を進める制度であることを、おとなはもちろん、こどもも知っている。こどもから見れば、一見平等を標榜しながら、実際には選別を行い、しかも個性を認めようとしない学校は、大きな矛盾を抱えた組織である。生徒たちは、この矛盾をそのまま自分たちの人間関係のなかに持ち込んでいる。平等を主張しながら、それが実際には選別につながっている学校制度を、同級生との関係のなかでなぞろうとしているのである。

神崎町の事例では、女子生徒は遺書のなかで、5人にいじめられていたと主張している。しかし、彼女は、いじめられていた生徒たちと友人関係にあったとはいえない。一方で、より緊密な生徒間関係において、いじめが生じることも多々ある。それは、一見、身分・カーストなど社会的カテゴリーによる差異が生み出される過程に似ている。たとえば、土地の所有は世襲で、しかも土地を所有している貴族や武士による政治的支配が正当化されている封建社会では、支配者に被支配者が従属することが自明の前提とされており、誰もそれに疑問を差し挟まない。

しかし、実際には、いじめは、それを生み出す論理がどのようなものであるかという観点に立てば、封建的人間関係とは異なっている。なぜなら、さきにふれたように、いじめは平等を前提としている社会のなかで公認されている論理にしたがっているからである。誰かがいじめられるとき、そこには、その対象が、「不当」に利益を得ているという正当化の論理が働く。神崎町の生徒の場合には、髪の毛を染める特権を有しているということに対して、不公平であるという非難が浴びせられた。非難する側は、みずからの行為を平等という近代的価値に基づいて正当化している。

これは、たとえば、一方が他方に金銭を要求し続けるという1980年以降に問題視されはじめたいじめの典型的パターンにおいても同様である。このパターンでは、生徒間により閉鎖的な人間関係が築かれているが、そもそも「財の分配」において不平等があるので、これを正すという理由からカネをせびっていくのである。たとえば、「裕福な家庭のこども」から金銭を受け取り続ける。そこには、社会に存在する不平等を「是正」する意味があるという正当化の論理が働いている。これを示す典型的な事例が、1995年に上越市で起こったいじめ自殺事件である。バスケットボール部員のひとりである男子生徒には、自宅に専用のバスケットボールコートがあった。朝そのコートに他の部員が来てバスケットボールをしているのを父親が注意したところ、そこからいじめがはじまったという。「みんな一日で態度がかわり、皆、僕を無視しはじめ」「五千円近くうばいとられ」たという（鎌田 1996: 141）。

いじめの問題には、異なる次元がある。まずは、「髪の色」という外形を通じて、集団のメンバーを差異化しようとする働きである。髪の色によって、ある生徒が「へんな同級生」に分類されることで、排除されていく。こうした行為は、『遠野物語拾遺』のエピソードにも見られるように、人間が生活しているところでは常に生じうる原初的な現象である。誰かを「へんな」存在として固定化することで、しだいに「へん」は「へん」ではなくなるが、その代わりに、「へんな」存在は、否定的な意味が付与された存在としてのみ、承認されるのである。

第二の次元は、学校の規則を巧みに用いて、同級生のひとりを排除しようとしたところにある。生徒たちは、教育制度が強いる画一化規範の侵犯を平等に反すると主張した。自分たちの行為をいじめではなく、ある種の道徳的行為に見せかけようとした。それによって、自分たちの行為を正当化しようとしたのである。その結果、黒髪という同一性を共有していない「へんな女子生徒」が作り出されることになった。

ひとたびへんな女子生徒にされてしまうと、彼女はなかなか抗弁できないような状況に取り囲まれる。黒髪という文化的同一性に反するという根拠で排除されたままで、そのおとしめられた地位を甘んじて受け入れざるを得ない状況に追い込まれる。

一般的に、暴力が支配している状況において、その場の「空気」を批判したり、そこから脱出することは非常に難しい。また、そもそも批判しようという意識さえ、なかなか生まれにくい。なぜなら、そこでは、暴力を行使する側が、暴力の事実を隠蔽するため、それを正当化する物語を強引に構築しているからである。暴力を行使されるとは、暴力を行使する側の正当化の物語のなかに巻き込まれ、被害者にとっては、不正にしかみえない世界のなかに突き落とされることである。自由が剝奪されるとは、まさにこのことである。ひとたび、この加害者が作り出す物語世界に突き落とされると、自分が体験した暴力を受けたという事実まで、夢のなかのできごとであり、現実に起こったことではなかったのかとさえ思わされるようになる。

また、暴力を受けた行為を事後的に語ることも、大きな困難を伴う。それは、暴力の被害を語るという行為が、その記憶を蘇らせてしまい、新たに苦しみを引き起こすという二次被害やトラウマの問題からだけではない。それとは別の理由として、暴力が行使されているときに、その被害者は、それを客観的に観察しているわけではないので、あとからそれを再構成することがきわめて難しい点が挙げられる。たとえば、突然、暴行を受けた場合、何が起こったのかわけがわからないような状態におかれる。これを事後的に、言語によって再現するのは容易なことではない。自分が被害を受けたことはわかっているものの、外から観察しているわけではないので、あくまで、それは、身体的な記憶に頼らざるを得ないからである（荻野 2011）。

4　変化への怖れ

前節まで見てきたのは、いわば、「へんなおじさんを見たら」の掲示のうち、「へんなおじさん」が生み出される過程についての考察だった。そこで、次に、掲示板の文言がなぜ「見たら」という仮定で終わっているのかについて考えてみよう。そこに、掲示板の持つ現代的特徴があらわれているはずである。

「へんな」ということばは形容詞であるが、「へん」の漢字表記は「変」で、それにはまず「変化すること」という意味がある。つまり、「へん」は変化と関わっている。そこで、変化について考えてみよう。

ひとの身体も、それを取り巻いている環境も一定の状態にはない。ただ、多くの場合、ひとは、その変化には気づかずに日々を送っている。気づくのは、風邪をひいて体調を崩したときのように、大きな変化が生じたときである。人間関係も同様で、ひとたび人間関係が築かれると、それは基本的に変わりなく続くことが期待される。これは、人間が必ずしも変化を好むわけではないことを示している。実際には、日々刻々、変化は生じているにもかかわらず、われわれの意識は、なかなかそれを認識しようとはしない。

それでも、変化の事実を認めざるを得ないようなときがある。この変化は予測できなかった事態として認識され、その意味が問われることになる。事態に肯定的な意味が与えられれば、そこには喜びが生まれるであろう。一方で、事態が不可解で説明できない状況に見なされたときや、新たな変化をもたらした原因とみなされたものを忌避したいときには、否定的な意味が付与される。

この時生じる感覚が「へん」である。「へん」という判断は、変化が認識された時点における違和感なのである。

そもそも、クラスに転校生が加わるということが、クラスという集団にとって変化である。まず、クラスの人数がひとり増える。したがって、クラス内の人間関係のネットワークに否応なく変化が生じる。また、ほとんど意識されないことではあるが、クラスの人数が増えることで、それぞれの生徒が占めている「空間」も狭まる。クラスメートたちは、この変化をなんらかのかたちで理解しなければならない。

ただ、この一見何気ない変化をからだで感じてはいても、それを理知的に認識することはできない。変化をからだは敏感に感じ取ることはできるが、それを意識化し、すぐに合理的な説明をすることができないのである。ここで、身体と意識のあいだにずれが生じる。意識は、身体が感じる変化をなんとか理解しようとする。転校生がもたらした変化に対して、他の生徒たちがこれを肯定的に評価することもありうるだろう。しかし、一方で、自分たちの居場所を脅かす存在として理解されてしまう場合もある。千葉の女子生徒の場合は後者だったのであろう。ことばによるいじめは、他の生徒たちの変化に対する（ゆがんだ）反応だと捉えることができる。これを、からだにあたまがなかなか追いつかない状態と考えることもできるだろう。実は、この身体と意識のずれが、暴力や、ひいては差別を生むのである。

ただ、残念ながら、このずれについては、あまり注目されてこなかったように思われる。少なくとも、社会学という学問においてはそうであった。社会学には、「ハビトゥス」という用語がある。聞きなれないことばだが、そもそもラテン語で態度、姿勢などを意味し、どのような行為が倫理的に適切であるかを問うときに、用いられたことばである。社会学では、これをある状況において適切な態度、ふるまいを可能にする動因として捉えている。日本語の文脈に置き換えてみれば、「空気を読む」ことを可能にする力と考えてもいいだろう。「へん」な行動をとらずに済ますことがハビトゥスによって可能になると考えるのである。*5

しかし、誰もが常に空気を読めるわけではない。また、そもそもあるかどうか判然としない「空気」がうまく作られていないこともあるだろう（これを「不穏な空気」と呼ぶのかもしれないが）。つまり、誰もが予定調和的に空気を読んで秩序が生まれているわけではない。それは、状況が刻々と変わっていくからである。[*6] 状況は一定のところにとどまってはいないが、変化を意識するかどうかにかかわりなく、また、それが「適切」なものかどうかは別にして、変化に対する何らかの対応が試みられる。その対応が、変化そのものを直視して、それに対してもっとも望ましい解決策を選択する方向に向かわないこともありうる。変化に対応しようとして、「いじめ」てしまうのは、その典型例である。

5 社会の余白

変化のなかには、大災害のようなおおきなできごとによる変化もあれば、ほとんど誰も気が付かないような些細なものもある。ただ、いずれの場合にも、従来の知識だけでは不十分な事態が生じている。そして、そこに「余白」の部分が生まれている。そこでは、社会の規範は通用しない。社会の余白では、そのつど、状況に応じた決断をしていかねばならない。また、常に状況は変化していく以上、規範が通用しないような余白、社会の隙間が必ず存在する。余白の世界は、規範が通用しないという点で、社会性零度の世界である。しかし、そこには、規範に支配された社会とは異なるある種の「社会」がある。それは、「零度の社会」と呼ぶべきもうひとつの生存のありかたである。したがって、規範は、隅々まで浸透しているわけではなく、規範に支配される社会は、社会の零度地点の上に立つ、危うくもろい世界にすぎない。この意味で、この余白の世界の方が本源的なのである（荻野 2005）。それは、不確定性に満ちた世界であり、暴力が噴出することもある。反対に、明確な規範がないために、ある意味で自由な人間関係が築かれることもある。

以上のような観点から、いじめ問題を考察してみよう。何らかの変化が生じ、既存の規範が通用しないような状態が生まれる。それは、まだ変化に対して意味付けがされていないような状況、零度の状態である。そこから「友情」が生まれるかもしれないし、反対に敵対的な関係が生じるかもしれない。敵対関係が生じる場合が、一般に「いじめ」と呼ばれている。たとえば、転校生である女子生徒に対して、一部の生徒が敵対的な態度をとり優位な立場に立つと、生徒たちは、女子生徒への攻撃を正当化する新たな「規範」を作り出していく。

学校という制度の側に立てば、この生徒たちが作り出す「独自」の世界こそ、余白の部分である。ただ、それは、学校とまったく断絶したところにできるわけではない。すでに見たように、いじめようとする生徒たちの論理は、生徒たちが属している学校や、それを支える近代国家のそれをいわば流用したものである。生徒たちはあからさまに「支配」しようとするのではなく、あたかも本来守られるべき価値（平等）を守っているかのような言動を装う。もちろん、それは、暴力や窃盗、盗難に類するような行為をともなうことがあり、その意味で反学校的、いや反社会的な性格を持っている。しかし、学校を成立させている論理とゆがんだかたちでつながってもいるのである。この点はきわめて重要なところで、いじめは学校制度に付随して生み出されているため、単にいじめ撲滅や差別反対を唱えるだけでは、問題は解決しないことを示している。

ここでまとめていえば、変化が生じると（そして、それは恒常的に生じるのであるが）、社会に隙間ができる。それは、「余白」の部分であり、そこでは、既存の規範は通用しない。したがって、社会の法や規範に基づいて、余白の部分に介入していくことは難しい。変化が生じた当初は、既成の規範は通用しなくなるが、そうかといって、反社会的な状態にあるわけではない。まさに、社会性零度の状態にある。しかし、変化に対応するために、独自の規則を作り始めると、それが反社会的な性格を帯びたり、少なくとも社会的に認められていない行為が積極的に行われたりする。いじめのような行為も、こうしたなかで生まれるのである。

ここで、「へんなおじさんを見たら」と書かれた掲示板の話に戻ろう。この掲示板の特徴をあらためてまとめ直すと、次のようになる。

（1）他者性――「へんなおじさん」は、集団の外部からやってくる他者、よそものである。

（2）判断の恣意性――「おじさん」を「へん」と捉えるかどうかの判断は、判断する者に委ねられる。

（3）仮定法――「へんなおじさん」が出現するのはあくまでも仮定の話にすぎない。

（4）対処法の欠如――「へんなおじさんを見たら」のあとに、どのようにすべきかについては書かれていない。

最初の二点は、あらゆる文化に見られる「へんな」存在への認識パターンである。この掲示板に特徴的なのは、（3）、（4）である。

掲示板には、「へんなおじさんを見たら」という仮定法が用いられており、将来の可能性が問題とされているにすぎない。また、「へんなおじさんを見たら」のあとに、「芳川ブロック地域安全推進員東部中学校区青少年健全育成会　浜松東警察署」と記載されており、掲示板を立てた主体はわかるが、「見た」あとに、どうすればいいのかについて書かれていない。書かれているべき「へんなおじさん」に対する対処法は、余白のままである。この掲示の文言が「見たら」という仮定で、中途半端に終わっているのは、まさに余白の部分を想定しているからである。「へんなおじさん」の登場、すなわち変化は、不安をもたらす。その不安を不安のままで表現しているのが、この掲示板である。

こうした不安が、「へんなおじさん」に対する想像力を常に喚起し、「へんなおじさん」に対する不安を固定化する。また、それだけではなく、「へんなおじさんを見たら」のような掲示板の存在自体を正当化していくように見える。

掲示板は、「へんなおじさん」が繰り返し現れる存在であることを示しながら、秩序維持を進める装置となる。個別的にその場その場で「丈の高き男」や「顔じゅうに鬚が濃く、眼色が変わっている」男が「へんなおじさん」であると判断するのとはちがい、一定の年齢に達した男性であれば、誰でも「へんなおじさん」として認識される可能性があるのである。別の例として挙げた西宮市地区連絡の場合には、こうした具体的な特徴が記述されており、「男性」が、「空き缶を投げ」たり、「自転車をつか」んだりしたため、「へんなおじさん」と見なされている。

ひとたび、こうした掲示板が設置されると、それは、自動的に「へんなおじさん」を作りだす装置にもなる。誰が「へんなおじさん」であるかは、判断する個人の裁量に委ねられているため、「へんなおじさん」が、秩序に反する存在として、恣意的に作りだされていく可能性が生じるのである。以上のように考えると、この掲示板とその文言（「へんなおじさんを見たら」）は、実に巧みにできているように見える。「へんなおじさん」という掲示板は、「へんな」存在の排除を通じて、社会秩序を維持する装置であるように見える。

しかし、はたして、本当にそうなのだろうか。一方で、掲示板は、ある種のとまどいを表現している。なぜなら、「へんなおじさんを見たら」、「～しなさい」という条件に対する答えが出てこないからである。「へんなおじさんを見」ても、無言のまま、掲示板は何も指示してくれない。何か変化があっても、どのようにしていいかわからないのである。

これは、転校生がやってきて（あるいは何か別の変化が生じて）、こどもたちのあいだで広がる変化へのとまどいと似ている。変化に対してどちらかといえば否定的に反応しているが、どのように状況に能動的に働きかけていいのか、とまどっているような状況である。まさに、それは余白の部分にいる状態である。掲示板の仮定法的文言は、いじめる前のこどもたちの「空気」なのである。これは、変化が生じたあとに、どのように対応していいかわからない時間が長くなっている状態が、全体に広まっていることを意味している。このような状況が生まれる理由のひとつは、さまざまな変化が次から次へと生じており、これになかなか対応しきれないからである。どのように変化に対応するかについて、処方せんを提示するのが社会であるはずだが、現代社会は、何らかの方向性を示すことができる一般性を兼ね備えた処方せんを欠いているのである。

いじめが現代的な特徴を持っていることも、こうした点と関係している。それは、ある「同級生を見たら（出会ったら）」、どのように対応していいかわからないとき、同級生を「へんな」存在として捉えることから始まる。これ自体、恣意的な判断であるが、ここからどのように対応するべきかは、さまざまな選択肢があるはずである。「へん」をむしろ積極的に評価することも、「へん」に慣れることで気にしなくなることもありうるからである。しかし、それが暴力に向かってしまうのは、「へん」退治であり、否応なく生じる変化を否定する行為である。

また、誰を「へん」と見なすのかについても、判断が恣意的になる度合いが高くなり、いつ誰が「へん」とされるのか不確定な状況が生まれている。もちろん、何らかの特徴に注目が行き、それが「へん」と形容されるのだが、「へん」と見なされる特徴が「多様」になってきているのである。これは、現代社会において、誰でも比較的自由に、また頻繁に、移動できるようになったこととも関係している。誰でも、あるときによそものと見なされる可能性が出てきているのである。

近年の社会学者は、「リスク社会」「液状化する近代（リキッドモダニティ）」など、不確定な状況を現代社会に固有の特徴として捉える傾向にある。いいかえれば、一定の制度の下で安定した社会を作るという考え方だけでは、社会を捉えることができないという考え方が支配的になっている。これは、変化が急で、どのように対応していいのかわからないような状況を表現しようとする用語だといえる。ドイツの社会学者ハルトムート・ロザは、変化が急な現代の特徴を「加速」という用語で捉えようとする（Rosa 2010）。技術革新が加速化し、社会変動そのものが加速化している。その結果、生活のリズムも加速化している。技術革新は、自由時間を生み出すどころか、逆に仕事量を飛躍的に増やしてしまう。それは生活からますます余裕を奪ってしまい、新たな事態に対応することができなくなってしまうのである。変化そのものが加速化している社会では、それについていくことができずに、（いじめのように）集団的に特定の対象を攻撃することが起こるのではないか。

6　変化に対応する力

常に変化している流動的な社会では、誰が「へん」とされるのかわからないほど、「へん」な特徴が多様になってきている。しかし一方で、「外国人」のように、特に否定的な特徴とされてしまう属性がある。ヨーロッパ、たとえば、フランスでは、国民戦線（Front National）のように、その公約のなかで、事実上、外国人排斥を主張している政治政党が支持層を広げている。ただ、その際に、あからさまに外国人排斥を主張するのではなく、「フランス人差別」というレトリックを用いる。たとえば、福祉政策を資金面で実質的に支えているのは「フランス人」であるにもかかわらず、公団住宅割当、住宅金融公庫、家族手当の恩恵にあずかっているのは、特に「アラブ人」を中心とする外国人であると主張する。国民戦線は、外国人の増加によって、フランス人が差別されているというレトリックを用いながら、自分たちはけっして差別主義者ではないというのである（荻野 1991）。日本における「在日特権を許さない市民の会」も、「在日特権の根幹である入管特例法を廃止し、在日をほかの外国人と平等に扱うことを目指すことが在特会の究極的な目標（会のHPによる）」だとして、「平等」を標榜した目標を掲げており、あからさまに排除をうたうことはない。

こうした平等や公平の実現を正当化の論理に用いているのは、すでに見たいじめ正当化の論理と同じである。つまり、（国家に支えられた）学校という空間の余白で起こるいじめと、国家の余白で起こる外国人排斥運動は同じレトリックを用いている。社会変動の加速化が変化への処方せんを欠くとき、国家が公に掲げる平等という価値の奥底にある同質性や画一化への志向性に根ざした変化への処方せんが生み出される。

「へんなおじさんを見たら」という掲示板は、次々と大小の変化が起こるなかで、変化への対応を一定程度「自由」に委ねざるを得ない状況を示している。もちろん、秩序を乱す者がいれば警察は動くかもしれない。たしかに掲示の最後に警察署名が記載されている。しかし、それよりはむしろ、掲示板は、不確定な状況が起こったとき、その当事者の「自由」に任せている状況を暗示している。

流動化する社会においては、常に何かが変化しているような状況に耐え、なおかつ状況に積極的に働きかけるような力が必要とされるだろう。それは、「変化力」と呼ぶことができる。それがどのように身に付いていくのかについては、別途記す必要があるが、この点について考えるためのヒントのひとつがどこにあるのかだけふれておこう。それはロジェ・カイヨワが論じた「遊び」の概念である(Caillois 1967=2000)。

先に見たハビトゥスという用語が、ある状況で、「分相応」に対応できる、体に染み付いた能力であるとするなら、それは、一定の規範があり、大きな変化が見られない社会では大きな力を発起する。しかし、社会の余白の部分、規範に統制されない部分が増大している社会では、ふるまいを律する恒常的な規範が有効となる範囲は少なくなる。一方で、カイヨワが定義する遊びは、余白が広がる世界において示唆的な意味を持つ。カイヨワは、遊びを「喜んで受け入れた自発的制約の総体を意味」し、「法なき世界にあって暗黙の立法を時には策定する(Caillois 1967=2000:18)」。ここで重要なのは「制約」が仮にあるにせよ、プレーヤーは、それを「喜んで受け入れ」ており、その制約が「暗黙の立法」となるという点である。遊びの規則は自由に作ることができ、それはプレーヤーたちの完全な同意を得ているが、一度同意した以上暗黙の立法として守られなければならないのである。そもそも遊びのプレーヤーたちは原則として平等でなければならない。しかし、それは、画一化をめざすものではない。遊びによる「立法」という発想が、今後追求されていくべきなのである。[*7]

【注】

＊1　一方で、ことばは集団のメンバーがそれぞれ誰かわかるように、名前を付ける。つまり、ひとつの集団を構成しているメンバーは、差異化される。あらゆる集団において、集団を維持していく目的で、差異化が進む。社会学では、「地位」と「役割」という用語がある。これは集団において、そのメンバーには何らかの地位があり、それに応じた役割があることを示す用語である。

＊2　このように、暴力が行使される状況が、その外部からは見えにくく、その事実を伝えにくいという特徴は、暴力の現場が、公共の場から隠蔽される傾向にあることと関わっている。近代国家は物理的暴力を行使する権利を独占している。法を犯した者は国家の司法機関によって罰せられる。したがって、法を犯そうとする者、たとえば殺人を犯そうとする者は、多くの場合、暴力行為を隠蔽する。あからさまな暴力の誇示は、戦争、テロ、暴動か、最近日本で起こっている公共の場における無差別殺人など、特定の場合だけになっている。

＊3　ピエール・ブルデューは、『再生産』（Bourdieu 1970）などにおいて、社会構造は階層構造であり、それは「再生産」されるとしている。つまり、ある階層に生まれると、その階層にとどまる可能性が高いことが示されている。

＊4　たとえば、17世紀のイギリスの哲学者ジョン・ロックは、貧困家庭のこどものために、学校（working school）を創設することを提案している（Locke 1876）。

＊5　ブルデューによれば、ハビトゥスは、それぞれが生まれ育った階層に応じたふるまいができるようにしている。

つまり、空気を読む力は、社会階層と密接に関わっている。

＊6　したがって、これを捉えるには、状況を動画的に見ていく必要がある。

＊7　この遊び概念から、文化がレヴィ＝ストロースがいうように、「不連続性」をもたらすだけではなく、逆に「連続性」を社会の境界を越えて作り出していく解放の側面も持っていることが理解できるであろう（荻野編 2011）。

【文献】

Bourdieu, P.（1970）*Reproduction*, Ed. de Minuit.（宮島喬訳（1991）『再生産』藤原書店）

Caillois, R.（1967）*Les jeux et les hommes*, Gallimard.（多田道太郎・塚崎幹夫訳（2000）『遊びと人間』講談社学術文庫）

Lévi-Strauss, C.（1962）*Totémisme aujourd'hui*, P.U.F.（仲沢紀雄訳（2000）『今日のトーテミズム』みすず書房）

Locke, J. 1876, "A Report of the Board of Trade to the Lords Justices Respecting the Relief and Employment," Bourne H.R.Fox ed., *The Life of John Locke*, Henry & Co.: 77-391.

鎌田慧（1996）『せめてあのとき一言でも　いじめ自殺した子どものおやは訴える』草思社

荻野昌弘（1991）「政治過程と社会的再生産――国民戦線（Front National）の政治的浸透とその社会的意味」『社会学部紀要』関西学院大学社会学部研究会、第63号、三九五～四一一頁

――（2005）『零度の社会――詐欺と贈与の社会学』世界思想社

――（2011）「特集Ⅰ暴力と人間　コメント」『フォーラム現代社会学』、関西社会学会、第10号、五四～五六頁

――編（2011）『文化・メディアが生み出す排除と解放』明石書店

Rosa, H.（2010）*Alienation and Acceleration: Towards a Critical Theory of Late-Modern Temporality*, Aarhus University Press.

柳田国男（1989）『遠野物語』角川文庫

第3章

関係をめぐる問い

――多重性・個人化・自己決定

藤村正之

1　問題関心

本稿では二つのことを考えてみたい。ひとつは関係が現象を作り出し位置づけていくということであり、もうひとつは関係のあり方の現代的形態としての個人化という事象である。前者がやや理論的要素をもち、後者が現実態の議論ということになる。

前者について。フランスの社会学者E・デュルケムに著名な次のような言い方がある。「われわれは、それが犯罪だから非難するのではなく、非難するから犯罪なのである」と（Durkheim 1893=1971: 82）。私たちは一般的に犯罪と判断される基準を満たす現象があって、それに対して非難がなされると考える。しかし、デュルケムは逆に、非難されるという行為が先にあって、その行為によって犯罪が措定されていくと、事を逆転させて考えようと指摘する。

デュルケムのそのような言い方を彷彿とさせる、市井の哲学を唱えた南伸坊の興味深い指摘がある。それは、非難されたり、はやしたてられるという行為が、その対象となっているものの価値を引き下げるのではないかということである。子どものけんかのように、「やーい、やーい、金持ち～」とはやしたてられれば、「金持ち」というプラス価値に満ちたように思える言葉も、何か居場所が不安定な印象をもちはじめてくる。ここでいう、「やーい、やーい」というはやしたての部分に、人々が負の印象をもつ要素があるのではないかと彼は言う（南　1985: 25）。それは、デュルケムにならって考えれば、「マイナスの要素があるからはやされるのではなく、はやされるからマイナスの要素が印象づけられていくのである」ということになろう。語る言葉が物事に性質を与え、それを通じて私たちの関係をも規定していく。

後者について。コミュニケーションの時代と言われ、絆という言葉が頻度高く使われ、社会関係資本が研究上着目される概念として浮上してきている。それらを身につけること、持つことが現代社会を生き抜き、サバイバルする人間力として必要だとされる。関係を尊重することが大切だと何度となく確認される。しかし、一度立ち止まって考えてみる必要があるのではないか。私たちは本当に人間関係を望んでいるのだろうか。あるいは、人間関係を避けていることはないだろうか、と。

社会学において、長らく「社会化」という概念が広く普及したものとして使われてきた。そこでは、ある社会の文化・価値観などがその社会に参入しようとする人々に有形・無形の形で伝達され、その社会に適合的な行動パターンを発達させていく過程がしめされる。私たちは人間関係を希求しているのか、あるいは忌避しているのか。個々の行為がともなうがゆえに、希求であれ、忌避であれ、個人の志向や価値観の下に営まれるもののように考えられる。しかし、社会化という概念を社会の文化や価値観が個人に浸透していくことに力点があり、その現実的結果が必ずしも社会への包含を意味するものでないとしたら、関係を忌避することを学ぶという形の社会化もありうるのであろう。現代社会はそのような方向に向かっているのではないか。言わば、逆説的であるが「個人化へと社会化される」ということである。

関係が現象を作り出し位置づけていくという側面をめぐって、以下、2節ではそのような視点を興味深く提起したジンメルの議論を、また、それが社会制度の上ではどのように成立し、また現実の仕組みの中に現れているのかを3節で検討していくこととしたい。関係のあり方としての個人化という側面をめぐって、4節では現代社会における関係の薄まりの許容について、5節では関係の切り離しとしての個人化が歴史的に形成されてきた様相を、そして6節では個人化の流れの中で浮上してきた自己決定・自己責任について検討していくこととしたい。それらの検討を通じて、関係という、一筋縄ではいかない事象へ、どのような問いが可能となるのかを考えていくこととしたい。

2 原点としてのジンメル——関係と現象

20世紀初頭、方法論的集合主義と方法論的個人主義とも対比されるデュルケムとウェーバーと並び、社会学の学問的確立に貢献したのがジンメルである。ジンメルは職業的に不遇な境遇にあったり、その議論が形式社会学として狭くとらえられたりしてきたが、ポストモダンの科学論との親近さもあって、近年彼の仕事の再評価が様々な形で進んできている（藤村 2009b）。

彼の発想は、現代的に言えば方法論的関係主義あるいは方法論的相互行為主義ともよべるものであり、ものごとには確固たる本質が備わっているのではなく、特定の相互関係のもとに、ある性質や現象が現れてくるととらえる考え方である。周囲を威嚇する暴力団組員が恋人の前ではやさしいとする。彼の人柄は威嚇的なのか、やさしいのか。方法論的関係主義の視点からは、どちらかが本物で、どちらかが偽物とは考えない。彼が置かれた状況と人間関係が各々真実たるそれらの行動を生み出すととらえるのである。そのような方法論的関係主義の一端を、彼の「貧者」論に見てみよう。

ジンメルの「貧者」論は、貧者とみなされる人たちと社会全体との関係を考察しようとしたものだが、そこには、まず次のような発想の逆転がある。「社会学的にみれば、貧困がまず最初にあって、それから扶助が生じる…（略）…のではなく、扶助を受けたりあるいは社会学的な状況よりしてそれを受けるべき…（略）…者が貧者とよばれる」（Simmel 1908=1994（下）: 96）すなわち、「貧困はそれ自体で独立に量的に確定されるべき状態としてではなく、たんに一定の状態によっておこる社会的な反作用によってのみ規定される」のである（Simmel 1908=1994（下）: 97）。ジンメルは、ここに「これは犯罪の場合とまったく同じであり」とつけくわえており、先のデュルケムの指摘と歩調を一にするものであると考えられる（Simmel 1908=1994（下）: 97）。

言い換えると、ジンメルの主張は次のようになる。貧困に確固たる本質があるのではなく、援助するという行為の相手になる人が、すなわち援助される人が「貧者」として形作られていくのだと。扶助がなされるまでは、貧者の貧困は社会的には見えないものであり、単なる個人的な悩みであった。しかし、彼が扶助を受けると、彼の貧困は社会的に明らかになり、彼はそれまでの所属階級から追い落とされる。そこにおいて、扶助を受ける者、あるいは扶助を受けるべきであるとされる者が、社会学的に考えると貧者となる。援助─被援助という相互行為が交わされるやりとりの中から、「貧者」が生まれてくるのである。「それゆえ彼は社会的な意味においては、扶助された場合にはじめて貧しいのである」（Simmel 1908=1994（下）: 96）。

そのような発想の逆転は、ある意味で主体─客体の科学観の問い直しを迫る視角でもある。客体としての「貧困」を客観的に規定しようとする、そのまなざしが「貧困」という社会的カテゴリーを作り出し、そして、それを適用した対象として「貧者」が作り出されると考えるのである。「貧困」だから「貧者」になるのではなく、「貧者」と規定された人の状態が「貧困」に該当するのである。ここにおいて、関係が状態の性質を特徴づけることが理解される。

さらに、ジンメルはつづける。貧者は扶助を受けるということにおいて、普通の市民ではなく、無税になったり市民権の一部が制限されたりする特別な存在になる。「扶助は貧者を集団行為の客体とし、彼を全体にたいして距離のあるところに置き、この距離はしばしば彼をこの全体の恩恵による〈安価な身体〉として生きさせ、まさにこの理由からしてしばしば彼を全体の激しい敵とする。国家がこのことを表現するのは、国家が公的な慈善の受給者から一定の国民権を奪うばあいである」(Simmel 1908=1994(下):93)。

そういう意味で貧者という社会的な位置づけは、社会から社会の外部におかれることになる。しかし、もともと社会の一員であるからこそ、貧者は社会の扶助を受けるわけであり、貧者の社会的位置というものは外にありながら内にあるという多重的な位置をもつ。集団の外部への排除が意味するのは、絶対的な分離ではなく、まさに全体に対する一定の関係である。「貧者はなるほど集団の外部に置かれるが、しかしこの外部というのは、たんに集団との特別な種類の相互作用にすぎず、この相互作用が異郷人をこのもっとも広い意味での全体との統一のなかへと織りあわせる」(Simmel 1908=1994(下):70-71)。外部におかれるということも、決して孤立して放っておかれるということではなく、ある種の相互作用を形成しうるのである。好意と嫌悪は対極にあるように見えながら、どちらも感情のエネルギーのベクトルが動くということでは類似しており、これらの対極にあるのはむしろ無関心なのだということがいえるであろう。外部への排除も関係の一種ととらえることができる。貧者が特別な存在として社会から排除されつつ、一方、社会の一員として扶助の対象になるという多重性が、その特別な存在を含む全体というものを明示し、そのまとまりを形成する。そのまとまりのために、ある意味では、社会は貧者の存在を求めていく。言い換えれば、措定しつづけていくということになる。

貧者をめぐるジンメルの視点の評価をめぐってはさまざまな判断もあろうが、援助—被援助の相互関係の中で生み出される問題への視点は、貧困を本質的に定義して考察しようとする問題とは異なる発想を私たちに要求してくる。

3 社会制度に潜む社会関係の性質

関係が現象を作り出し位置づけていくという視点をもつことで見えてくる、社会の内部にあって社会の外部にある多重性を有する存在という側面は、社会制度においてどのように現実化してきたのか。社会制度が成立する段階と、社会制度が社会にビルトインされて運営される現段階において、そのことを考察してみよう。

(1) 社会制度の成立の中で

社会制度が構想・構築されるにあたって、その成立・展開の中に対象者を位置づけるどのような視点があったのか（副田　2001）。ここでは19世紀救貧法と20世紀の社会保障制度の体系化において、それをとらえてみよう。

ジンメルが指摘した「社会の内部にあって社会の外部にある多重的存在」として、貧者はどのように扱われてきたか。イギリスにおいて、1834年の改正救貧法以来、貧者は救済への権利の主体である一方、劣等処遇原則が適用される客体として位置づけられるようになった。その権利は「何人も欠乏によって死ぬことはないという保障」であるのであるが、その処遇はワークハウスへ収容するというものであった。生きてはいられるものの、自由が制限されるという特徴を有していた。やがて、それらは、(1)「人格的評判の損失」、(2)「人格的自由の損失」、(3)「政治的自由の損失」の三つへと整理されていった（大沢　1986: 204）。

劣等処遇の19世紀的形態であった「政治的自由の損失」は選挙権の欠落に示されるものだが、20世紀初頭にかけてそのような選挙権の剝奪はなされなくなっていった。また、「人格的自由の損失」はワークハウスへ収容しての生活のことであったが、戦間期に大量に出現した失業者の保護が失業保険制度と救貧制度にゆだねられたため、現実的にワークハウスに収容して就労させることは財政的にも政治的にも不可能なこととなっていった。その結果、「人格的自由の損失」も衰退していった。しかし、劣等処遇を構成する三つの要素のうち、「人格的評判の損失」については公的扶助制度利用におけるスティグマの残存という形で現在までも影響が残っているものである。社会の内部にあるからこそ扶助を利用できるのだが、他方、そこでの対応にスティグマが付与されることで排除的に社会の外部におかれるものであった。

救貧制度の対象、公的扶助の利用に残っている「人格的評判の損失」は、20世紀に入って社会保障制度が体系化され、福祉国家体制が整備されていくにつれ、社会保険との対比という新たな側面においても特徴づけられるものとなっていった。公的扶助の内部にある要素にとどまらず、社会保険との関係が問われるようになっていったのである。社会保障制度の構想者、分析者たちは、そのような対比に気づいていた。

第二次大戦後のイギリスにおける社会保障制度の体系的促進のきっかけとなったのが、戦時中の1942年に出されたW・ベヴァリッジを委員長とする報告『社会保険および関連サービス』、通称「ベヴァリッジ・レポート」である。そこでは、所得保障を国家の責任としつつ、それを支えるための児童手当、完全雇用、包括的保健医療サービスを前提として用意するという当時壮大な構想であった。その中では、社会保険が基軸となる社会保障制度の体系内における社会保険と社会扶助の関係が次のように述べられている。

「扶助は、社会保険によって包括されないあらゆるニードをみたすためにもちいられる。扶助はそれらのニードを最低生活の水準まで適切にみたさなければならないが、扶助は保険給付より何か望ましくないものであるという感じをいだかせるのでなければならない。そうでなければ、被保険者は保険料を支払ってもなんらの利益がないことになる。したがって、扶助はかならず扶助が必要であることの証明と資力調査を条件として支給される。さらに扶助は、稼得能力の回復を早めるように思われる行動をとるという条件のもとで支給される」（Beveridge 1942=1969: 218）。

社会扶助はその人の最低生活を保障するレベルで提供される必要があるが、そのためには扶助の必要性を証明できる資料・調査が求められ、稼働して収入を得ることをめざしていかなければならない。また、社会保険と社会扶助との比較において、保険料を払っている社会保険を優位に位置づけ、社会扶助は制度の利用を避けられるのであれば、そのほうが望ましいと印象づけることが求められている。言わば、社会扶助のほうにスティグマの要素があることを許容する形で社会保障の体系化をはかろうとする視点が、制度の構想を担ったベヴァリッジ報告の中にはあったことになる。

同時に、市民権の歴史的変容を展望した社会学者のT・H・マーシャルの議論にも社会保険と社会扶助の比較に関する指摘がある。

「強制保険はまた被保険者と国家との間に一種の契約関係を創り出した。それは新しい政治現象であった。契約された保険給付金は規定通り払われるべきものであった。なぜなら、保険料が支払われ、政府は契約についての一方の当事者であり、その条項についてまたその忠実な履行について責任を持ったからである。（中略）この社会保険の義務的な契約的性格に対する強調はある微妙なそして多分予測しなかった効果をもった。人々がそれによって社会保険と社会扶助との区別を過大視し、社会扶助に付着する劣等感と恥辱感を維持するに役立ったのである」（Marshall　1975=1981: 70-71）。

マーシャルは社会保険が契約的性格をおびたものとして理解されたことが、逆に主に税金によってまかなわれる社会扶助の恥辱感を維持させてしまったととらえている。制度が実験室の中に単独で存在しているわけではない以上、それらの性格は相対的関係の下に形作られていく。

以上のように、貧困をめぐる社会制度は、歴史の中で、それに該当する人々を社会の内部におきつつ外部におき、さらに社会保険という社会制度との関係で劣位におかれるという構造を担うことになっていった。関係としてあったものが、容易には動かしにくい、構造性をもつものへと次第に変化していったのである。

(2) 社会制度がはらむ排除の多層性

さまざまな政治的動きを経て、第二次世界大戦後、世界の各国で福祉国家体制が形成されていった。しかし、1970年代以降、その財政上の問題や管理社会的様相をしめす問題などから、福祉国家の危機がとなえられ、各種の再編がなされていくことになった。その後も、グローバリゼーションが世界経済において進展する中で、福祉国家体制の維持は財政再建との関連で政治的争点のひとつとなっていった。

福祉国家は人々の生を保障しようとする社会的な営みである。その意味で、現代社会から排除され社会的不利益を被っている人々の生を保障し、社会に再度包摂しようとする社会制度的・実践的な試みが、福祉国家であると考えられてきた。その方向性で達成され、解決してきた問題も多い。しかし、福祉国家を排除という視点から眺めようとしたとき、それらの領域において、いくつかの折り重なる多層的な様相が呈されていることに気づかされる。貧困や不平等は状態をしめす概念であるのに対して、排除は「排除する」という言葉に示されるように、動詞的で動態的な側面をしめす概念である。排除は時間的・空間的な動態性の下にとらえていくことによって、より理解が深まっていく。

では、福祉国家の領域における多層的な排除はどう理解できるだろうか。現実はさまざまな社会関係が網の目のように織り成されているのだが、モデル的にいうならば、まず、現代社会の価値観・行動様式・社会関係のネットワークからはずれ、社会の周辺・周縁におかれ排除された状態にある人々がいる（第1層）。「社会制度と無関係という状況におかれる排除」である。次に、福祉国家はそのような排除された人々の生活や生命を保障するため、彼らを社会に取り込もうとする。彼らは社会の内部にいると考えられるからである。しかし、福祉や医療を支える福祉国家の制度や実践の対象として受け入れられるものの、保障の水準や方法が残余的な範囲内にとどまらせられ、決して社会の主流への包摂にはいたらない人々がいる（第2層）。すなわち、「社会制度に包摂されつつの排除」である。同時に、福祉国家の領域に包摂されそうでありながら、あるいはいったん包摂されながら、各種の制度条件のため、接近したものの再び外部に排除される人々がいる（第3層）。再度社会の外部に押し戻されることになる。「社会制度から拒否される排除」といえる。福祉国家の社会制度の働きの理解に排除という視点を設定してみることで、現実的にはそれらの重なりや流動性をおびたものであろうが、モデル的にはそのような三つの層に分けられる人々と現象があると考えることができる。

生活保護を例に考えるならば、働けない状態や低賃金などにより貧困・低所得状態にある人々が第1層にあたり、現代社会から排除され周辺・周縁に留めおかれる状況にある。彼らは生活保護のことや基準を知らなかったり、あるいは生活保護の利用を希望せずに、自らその状態にとどまる例もある。資力調査を受け、保護基準以下であることが証明され、生活保護を受給することになった層は一定程度の生活の保障がなされることになる。しかし、彼らは時にスティグマや好奇のまなざしをあびたり、福祉事務所の管理的指導に耐えなければならないことも時に多い。それが第2層である。そして、生活保護の申請や受給にいたりながら、自立助長・自立支援の名の下に常に勤労を迫られ、申請の不受理や却下、廃止にいたる経験をもつ第3層がいる。最後のセーフティ・ネットに近づきながらも排除された人々である。

福祉国家が人々の生を保障しようとする仕組みであるにもかかわらず、それが社会制度として存在するがゆえに、制度の利用から遠くにある層、制度の残余的な位置での利用にすえおかれる層、制度から利用を拒否される層が存在する。そのようなことが、現代的機能として現れているとみることができよう。

歴史的には、劣等処遇の流れから人格的評判の損失が残存し、他方で社会保険の契約的性質との対比などで公的扶助の位置づけが構造的に形作られていった。それらが、社会の仕組みの中にビルトインされることで、逆に社会制度が人々をどのように包摂できるのかという観点で、三つの層への区分がなされていくともいえる。社会の内にあり、外にあるという多重的な関係性こそが、人々の苦悩の源泉であるとともに、社会の存立を構成する論理なのだといえよう。

4　関係の薄まりの許容

ここまで、関係が現象を形成し位置づけていくという視点に基づき、ジンメルの議論と社会制度における歴史的基点や現代的様相について検討してきた。関係の交錯の中にある多重性や社会制度がもたらす陥穽について、理論的視点を含み考察してきた。つづいて、現実的な社会の中で関係性はどのような位置づけをもち、人々はそのような関係の維持を望んでいるのか、あるいは関係を避けたいと思っているのか。その先に、関係性の現代的あり方としての個人化はどのようなものとして成立し、どのような働きをしているのかという問題へと論点をうつしていこう（藤村 2013）。

私たちは関係を望んでいるのか、関係を避けているのか。この矛盾する側面をコインの両面のように早い段階から鋭く指摘していた社会学の論考がある。その評価からして、古典的な論文といってよい、1970年代前半に執筆された見田宗介の「まなざしの地獄」である。見田は東京都の『流入青少年実態調査報告書』を用いて、「友人がいなくて淋しい」「異性の友達が得られない」が着目され、都会の孤独が語られたりするのだが、実は「自由時間が少ない」「落ちつける部屋がない」のほうの比率が高いことにふれ、関係欲求よりも関係嫌悪のほうが広範に感覚されていると指摘し、こう言う。「彼らはある種の強いられた関係から逃れようとしながら、ある種の関係を欲求している」（見田 1979）。私たちは自らを維持できる時間・空間を確保できたうえでならば、交流を望む方向へ踏み出す可能性を有している。しかし、そのバランスはかなりきわどいものである。私たちがさまざまな場面で常に関係形成を望むのかと言えばやはりそうとは言い切れない。

人間関係に関する私たちの感覚の変遷を量的にしめす、興味深い時系列データをひいてみよう。1973年以来、40年にわたって5年ごとに9回実施されてきたNHKの「日本人の意識構造」調査における、つきあい方の望ましさに関してのデータである（表1）。この調査では、親族・近隣・職場でのつきあい方の望ましい濃淡について、「形式的なつきあい」「部分的つきあい」「全体的つきあい」の三つに分けて、その希望の程度をたずねている。それを得点化し平均点に置きなおしてみたものが表1である。これを見ると、各項目とも1973年から2013年の現在に近づくほど淡いつきあい

表1　さまざまな人間関係において望まれるつきあいの程度（平均得点）

年

	1973	1978	1983	1988	1993	1998	2003	2008	2013
親族	1.42	1.41	1.34	1.28	1.20	1.18	1.11	1.12	1.07
近隣	1.19	1.16	1.12	1.07	1.04	0.99	0.93	0.93	0.90
職場	1.45	1.42	1.37	1.27	1.20	1.16	1.13	1.12	1.08
合計	4.06	3.99	3.83	3.62	3.44	3.33	3.17	3.17	3.05
友人	-	-	-	-	-	-	-	1.25	1.19

注：下記調査での親族・近隣・職場の各々のつきあいごとの望ましさについて、形式的つきあい＝0点、部分的つきあい＝1点、全体的つきあい＝2点として、年次ごとの平均点を筆者が算出し、合計した。参考として最下部に掲載した、友人に関する調査項目は2008年調査から採用されており、経年比較のため合計得点には含めていない。

出所：ＮＨＫ放送文化研究所『第9回　日本人の意識構造　2013』結果の概要（http://www.nhk.or.jp/bunken/summary/yoron/social/pdf/140520.pdf）

を望む傾向が強くなっており、３項目の合計得点も年を追うごとに着々と例外なく低下してきている。１９７３年では親族1.42、近隣1.19、職場1.45の合計得点4.06のところ、２０１３年では親族1.07、近隣0.90、職場1.08の合計得点3.05となっている。各項目とも共通に0.3～0.4程度の減少である。また、全ての時期において近隣とのつきあいが親族・職場より低い得点となっている。親族を支える血縁と姻戚という要素、職場を通じて生計を立てるという要素があるため、その両者ではつきあいの程度を下げきれないのに対し、近隣でのつきあいは農村共同体が中心でない今や、より軽くできるということがここに現れている。

もちろん、つきあい一般と課題解決に向けた強い連携や連帯などとは質的な違いも充分に配慮しておく必要がある。しかし、この40年間を通じて濃密なつきあいを求める傾向が弱まってきていることは確認できよう。２００８年の調査では、親族・近隣・職場につづく4番目の調査項目として友人とのつきあい方の望ましさが初めてたずねられた。２０１３年調査ではその得点は1.19と、親族・近隣・職場という先の三つの関係より高くなっていた。この点は、私たちが友人という自分での選択の要素の強い人間関係に相対的に好感をもっていることが例証される。しかし、その数値も、1973年において、親族・職場より低かった近隣の得点と同じレベルにとどまっており、2010年代の現代において評価の高い、友人においてさえ、そのつきあいの程度は1973年の近隣ほども求められていないということが確認できる。加えて、2008年と2013年の2回において、相対的に好評価のこの友人とのつきあい関係においても数値は減少している。やはり、私たちは関係を求めていないのではないだろうか。

関係の必要性と関係の忌避。例えば、災害の難を逃れた避難所においても、被災直後は事の緊急性から相互の助け合いがいたるところで見られるものの、時間が経過し、生命・生活の確保が次第に軌道にのってくると、今度は避難所におけるプライバシーの確保などが重要になってくると言われる。関係をめぐる好悪が入り混じり併存する時代を私たちは生きているのである。関係をめぐるドラマが社会だと言ってもよいだろう。

5　関係の切り離しとしての個人化

(1) 生産の共同体から消費の共同体へ

関係の必要性と関係の忌避が併存するとして、そのことはどのように成立してきたのか(藤村2013)。高度産業化社会・高度消費社会を達成したにもかかわらず、現代日本社会はグローバル化の波に洗われて、その生活の保障がどの人においてもどの場面においてもあまねく万全であるということはなくなってきている。それゆえに、その解決法のひとつとしてネットワークや連携、連帯が構想・主唱されるともいえるのだが、それが言われるほど容易なわけでもない。その容易ならざる背景にあるのが、「個人化」と言われる社会的事態の進行であると考えられる。先の見田の論考でふれた「自分の領域を確保したい。そのうえでなら」ということも、そのような文脈の中にある。

現在、私たちが自明なものと見ている生活の営みやその保障のあり方も、実際には歴史的な変容過程の突端にいるというにすぎない。歴史を大づかみに整理してみれば、まずは、前産業化段階として、家族を中心におきつつ、地域共同体・親族共同体による重層的な諸関係によって生活が支えられているという段階があった。地域共同体における重要な課題の代表例は、水利と農作業の労働力の確保であったといえよう。人々が協力関係を断続的にでも続けることによって、生活が成立していた。しかし、農村を中心に、それがもたらす人間関係のしがらみや重みはそれらの関係の解体への願望を潜ませていたともいえる。それは象徴的に、「都市の空気は人を自由にする」と言われた。〈近代〉は農業から工業へ主要産業を変えることによって、土地に縛りつけられた共同体の桎梏から自由になった個人を生み出していった。

産業化の進展は、農民をそこから切り離して労働者・勤労者へと変化させ、職業や地域の移動がおこなわれるようになって、以前の共同体での支えあいを現実的に難しいものとしていった。職業移動や地域移動にともない、生活の単位として親族共同体からより明瞭に切り出されてきたのが家族であり、移動や居住をより容易にすることから、その家族は核家族化・小家族化していった。その過程で、男性が外で働く雇用者化と、女性が家庭に入る専業主婦化が進行する形が登場し、明確な性別役割分業の体制にすいこまれていくことになったのである。

人々は農業段階においては、農作業を共同でおこなう必要性や水利を共同で確保する必要性から、「生産を通じた共同体」が地域社会において成立していた。それが、産業化段階・脱工業化段階になると、生産の共同性は企業・事業所へと移行し、地域社会で見られるのは、安全な食品の購入や環境問題に応じた共同活動、子育て・高齢者・障害者といった福祉問題の解決をめざす活動など、「生活や消費を通じた共同体」の成立となっていった。そのような「生活や消費を通じた共同体」は、旧来の集団を前提とする協力というよりは、気のあう人同士や志を同じくする人同士のネットワーク型の協働へと次第に変容してきている。

（2）家族から個人へ——市場との蜜月

産業化社会の進展により、その共同性の根拠を確保できなくなった親族共同体と地域共同体が衰弱してきた結果、家族が生活保障の重要な担い手として、その地位を絶対的に浮上させてくることになった。しかし、そのような地位の浮上に相反して、家族はその課題の重みに耐えかねるような状況にもある。そのこと自体について、もはや議論は要しないであろう（藤村　2009a）。

そのため、もはや家族そのものがリスクだという考え方も出ている（山田　2001）。なぜならば、家族であるための要素のひとつである結婚によって生活が安定するというのが従来の考え方だったとすると、昨今は結婚しているからこそ離婚のリスクが存在し、また、結婚しているからこそ配偶者の失業や病気・死亡などによって相互の生活が大きく変化する可能性があるとも考えられる。この世に生を受けた子どもであれば親が存在することで、長寿となった親の介護をかかえるリスクも同時に存在する。もちろん、配偶者の生活諸条件の安定度の違い、また老親の健康状態・心身状態の差異によって、それらのリスクが現実のものとなってくるかは個々人や家庭によって異なってくる。しかし、それらをリスクと感じてしまえばリスクであり、家族が生活を保障してくれる存在から、生活を順調に営むことを遮る可能性をもった存在へと変わってきたという認識がそこにはある。生活を親密性の下に支えている唯一の存在が家族であるからこそ、そこでの不調の可能性がリスクにもなりうるのであり、それらは表裏一体の関係となっているともいえる。

家族がリスクであるならば、それを避けるという選択肢もでてこよう。家族単位を必ずしも維持する必要性を感じず、カップル（DINKS）や個人が単位になるという例が増えてきている。非婚の流れによるシングル化とともに、長寿がもたらした高齢期におけるひとり暮らしの増加も、そのようなシングル化の動向を結果として後押ししている（上野　2007）。

社会学でなじみ深い「個人と社会」という対語の一方たる社会のところに、市場を代替的に投入して考察してみる意味あいが強くなりつつある。社会の最大範域を国家としてとらえればすんでいた時代から、次第に国家内での市場の要素が強まり、やがては市場のグローバルな進展が国家をもしのぐ大きな力となってきているからである。その間、国家は、夜警国家的な権力性から福祉国家的な給付性へ、その性格を変貌させてきたのであるが、その福祉国家も財源確保の困難性からゆらぎつつある。市場の影響力のほうが強いということ自身が、社会の弱まり・薄まりをしめしており、その結果、社会や国家によって担われてきた公共性や再びの共同性をどのように構築できるのか、そもそもそれらの必要性の有無をどう考えるかというテーマが浮上してくることになる。

さて、そのような市場の浸透がいっそう進むことによって、「家族と市場」という設定さえ越え、シングル化があいまって、もはや「個人と市場」という時代さえ到来しているともいえる。ひとりで生活していたとしても、「コンビニとスマホ」があれば、生活に必要な品々を購入し、様々な情報交流をすることが可能である。すなわち、誰にも頼らず、市場だけを頼りにひとりで生きていくという志向もありうるし、それができる。シングル化の志向は、まさに市場によって支えられている。そして、それは、大家族が核家族へと小単位化することによって、さまざまな耐久消費財の購入可能性が飛躍的に増大したことにも似て、家族さえ分解して個人化していくことが、ある製品領域の市場にとっては顧客拡大の有利な状況を提供しているということもいえよう。市場にとって、個人生活の広がりがもたらすマーケットの拡大は魅力的である。

(3) リスク社会と個人化の連動

高度成長期から低成長期にかけて変容していく社会の性質を、U・ベックは「リスク社会」としてとらえた（Beck 1986=1998）。リスク社会は原子力発電や地球温暖化などの環境問題、自然災害や人災的事故、新たな伝染病の蔓延の問題などによって象徴され、それは〈近代〉が失敗したからでなく、成功したがゆえにもたらされた副次的帰結なのだとされる。薬には副作用がともなう。社会現象もまた同様である。リスク社会では問題を直接的に知覚することもできなければ、責任の所在を特定することが困難である。そこでは、問題解決のためのリスク配分が課題となっていく。〈近代〉と共に個々人はずっと「個人化」しつづけてきていると位置づけられるのだが、リスク社会と歩調をあわせ、各々の人生はよりリスクに満ちたものとなり、「個人化」もその様相を変化させてきている。地域共同体や親族共同体という中間集団から個人を解き放った産業化社会の大きな動きは、確実な価値や規範を喪失させ、個人と社会を直接対峙させる。その流れの中ではいったん緩衝装置として働いた核家族という形もさらなる個人化への踊り場であったにすぎないといえよう。関係は着々と切り離されていく。

ベックは、そのような第一の近代における個人化で私たちが中間集団から解き放たれたにとどまらず、どの中間集団にも再び埋め込まれず、階級やエスニシティなどさまざまな所属カテゴリーからも解き放たれた第二の近代・再帰的近代における、局面の異なる個人化の進行を指摘する。「「個人化」とは、人間のアイデンティティがもはや「所与」ではなく、「任務」となり、その結果、この任務を成功裏に遂行するかどうか、どのような副作用を伴うかについて、行為者自身に責任が課せられるということである」(ベック他　2011: 79)。人々は不慣れな「日曜大工」のようにそれに取り組むのだが、実は「個人化された生活史は、グローバル化された世界のシステムの矛盾を耐え抜く場所」(ベック他　2011: 19)となってきている。そして、中間集団や所属カテゴリーが自分を根拠づけ説明してくれないため、何ものでもない、「自分自身の人生(a life of one's own)」を生活史として語り自己編集しつづけていかなければならない。生活史を自ら語る行為が、ばらばらに漂流する社会諸領域の細分化されたた諸世界をようやく結合する接着剤の働きをする(伊藤　2008)。関係から切り離された結果、人々は自己自身によって自らの足場を築いていかなければならない。

人々は「個人化」へと言わば社会化される。合言葉は、「フレキシブルであれ！」（ベック他　2011: 81）である。「個人化」の過度な進行が問題をもたらしても、社会はその正当化のための言説として、後にみるように、「自己決定」「自己責任」という言説を用意している。選択の自由度が増したともいえるが、その内実は限られた選択肢の中で、選択肢が限られているように見せられずに、能動性を強いられる選択強制ともいえる。経済学は選択できると考える学問であり、社会学は選択できないと考える学問であると例えられることがあるが、いまや社会学は選択の強制と虚構性を注視する学問へと衣替えを求められているのであろう。

グローバル化は情報・カネ・モノ・ヒトの動きを世界規模化し、同時に職業や家族を流動化させ、私たちの生活に困難化をもたらしている。職業労働の面では、企業のフレキシブルな活動のために、関係の薄まった非正規雇用の活用が増大してきている。それは、賃金水準ひいては消費水準の低下につながり、自動車など大型耐久消費財を中心とする需要を冷え込ませるだけでなく、その根本と考えられてきた家族形成やその維持を困難にさせていく。「男性稼ぎ主モデル（male bread winner）」という世帯単位に設計されてきた制度の疲労限界が明らかとなってきている。

〈近代〉は共同体を離れた自由な個人を生み出したが、自由な個人とは当初近代家族を統括する家長男性であるにとどまった（武川　2007: 95-96）。しかし今や、家族からも自由な個人が登場し、市場を頼りに生きるという実態が浸透してきている。もちろん、個人化と市場性の間にはいくつかの陥穽がある。第一に、現代社会においては貨幣が必要であり、それが稼げない状態に陥ること、若年者や中高年の失業や非正規雇用、障害者や母子家庭など労働市場の中で弱い立場にあるものなどの事情が問題として存在する。第二に、生活の支えに必要ではあるが貨幣があっても自由には買えないものがある。高齢化の先にある介護の問題において、市場によって全てのサービス提供がなされうるのか未知数である。そして、第三に、個人化の進行のその先には非婚・少子化・人口縮小が連動し、そもそも市場の存立に必要な消費をする購買者が一定規模存在するという基盤そのものが長期的には掘り崩されようとしている。「合理的な愚か者」たちが跋扈し、社会は縮小に向かう。

そもそも本当に、人は関係から切り離されて、ひとりだけで生きていけるのか。かつて、栗原彬は「私ひとりが生きればよい」という言い方に宿る、諸刃の剣的な側面に考察をほどこした（栗原 1994: 217-218）。諸刃の剣というのは、「私ひとりが生きればよい」という言い方によって、共に生きることを唱導する言説の偽善性が暴かれる一方で、他者との共同性なく自分の生のみを主張することの非現実性と欺瞞性が析出されてしまうからである。共同体というよりは共同性が必要とされる時代、家族という存在においても、それが血縁関係や姻戚関係であることを重視するというよりは、共同生活者であることとの重要性が若い世代を中心に着実に増してきている。最終的に、全ての人にとって個人が生活の単位であるというところまで家族の分解が進むことはないと予想され、その意味で日本社会の世帯数が現在の5000万世帯から1億世帯になるということはないであろう。しかし、1億世帯になることはないとしても、ある程度の域値までそれが進行し、シングル世帯が現在の1400万世帯から数千万世帯を越える単位のオーダーになってくれば、それは社会の変容に少なからず影響をあたえる。もちろん、シングル化の進行に域値が存在し、共同生活の形をやはり多くの人々が営むとして、それが家族という形態であるかどうかはわからない。

人々を中間集団から自由にした産業化は、市場をグローバル規模に発展させ、リスク社会と個人化という大きな歴史のうねりを生み出しつづけている。「親密性」の根拠とされてきた家族という存在もその基盤から掘り崩されようとしており、社会関係の基本的要素が、共同体→家族→個人といっそう微分化され、さまざまな関係から切り離されたものとして成立しようとしてきている。

6　個人化と自己決定の相互反照

関係をめぐる問いの現代的な象徴として、「自己決定」の問題がある。ここまでふれた「個人化」の過度な進行によって問題がもたらされたり、解決できないとき、社会の側が用意する正当化のための言説が「自己決定」「自己責任」なのだともいえる。「自己決定」の主張が登場した重要性は、「自己決定」をできない社会環境にある人たちの判断を周囲のものたちが支えていくことにあると考えられる。しかし、そのような議論の共通土俵を失ってしまえば、「自己決定」に付随する「自己責任」とあいまって、それらは個人と社会の相互的な関係を切り離す現代社会のひとつのイデオロギーと化していくといってもよいだろう（藤村　2007）。「自己責任」とは社会的責任の検討を体よく遮る言説としての効果をもっており、その事象の存立や背景に社会的責任が全くないと言い切れるのか、そして、その前にそもそも「自己決定」が許され実行されていたのかを検証していく必要のあるものといえるだろう。「自己決定」「自己責任」という言説により、関係はより孤立化する方向に向かう。

（1）自己決定と自己責任

自己決定について議論する場合、自己決定そのものの是非を思想的に取りあげるだけでなく、それがおかれる場の構造についての理解が必要である。そういう場にかかわる主体や条件によっては、自己決定がもたらす機能がまったく逆の働きをする場合もある。ここでは、自己決定を取り巻く諸問題を、自己責任論との関係、自己という判断主体の内実について着目してみよう。

まず、第一に、すでにふれたように、自己決定論の隆盛と並走するかのように存在するのが自己責任の議論である。決定がもたらす結果がどのようなものであれ、自分で決定したならば、決定者がその内容を甘受するべきであるという発想がそこにはある。したがって、自己決定が自己責任とともに強調されるならば、他者の責任関係を分断する潜在的機能を発揮しうる。しかし、そこでは、不確実性に満ちた諸状況・諸条件の中で、そのことの責任をとりえない関係者が責任を当事者に転嫁するために自己決定が主張されるという可能性もありえる。そのような文脈の理解なしに、自己決定だけが高く評価されることには注意を要しよう。

これを、医療領域の当事者－専門職の関係の問題として考えれば、次のようになる。現在、人間の〈生〉の臨界点において、生命・生活を左右する自己決定が迫られるような段階に達している。そのことは、様々な治療や処遇によっても事態が好転するかどうか不確実性が増しており、福祉や医療の専門家においても責任を果たしうる限界があることが明瞭になってきている。自己決定は当事者中心の意思決定という積極的側面を持つと同時に、最終的な結果への責任を果たしえない専門家の管轄の縮小という消極的側面もあわせもっている。すなわち、専門家がパターナリズムを発揮するならば、当事者の状況把握、必要な処置とその結果について間違いのない判断が責任をもって要求されるのに対して、自己決定論にしたがうならば、専門家は契約という限定された範囲内に職務を制限し、専門知識を提供したことで責任を果たしたことになる。すなわち、自己決定論の立場にたつほうが、専門職側からみて効率的に業務をこなすことを可能とする（仲正 2003: 196）。専門職の責任の増大は、自己決定を活用することによって中和化されるのである。

（2）自己決定をする自己をめぐって

自己決定という思想は尊重されるべきものとして、他方、あくまでそれはその決定がおかれる場の問題との関係において個々に是非が問われるものであり、さらに、それに加えて、法的に自由な領域を想定することで、信頼すべき個々人の判断力という問題にたどりつくことができる。自己決定論の諸議論をそのように位置づけたうえで、翻って考えればそのような自己決定をおこなう自己とはどのような存在なのであろうか。それは、現代社会における自己論がかかえる難しさとも関係してこよう。

自己決定という考え方だけがひとり歩きすれば、〝自分で決めなければ〟と強く思い込み、そのためには様々な情報の入手を遮断し、他者からの影響を避け、あらゆるコミュニケーションや関係を拒絶するということが自己決定だと考える人もでてくる。それは、まさしく自己決定するために〈孤立する自己〉であろう。「近代」という大きな社会変動の中で想定される〈主体像〉は、他者の影響から全く自由に、自己決定できる判断能力を持った個人として考えられてきた。しかし、自己はそのようなことを単独で行えるほど万能で経験豊かな強い意志をもった存在であろうか。自分にとって本当に適切な意思決定をするためには、むしろ、状況理解と意思決定に必要な様々な情報を入手し、それを噛み砕いて自分なりの選択肢とするための相談が可能なコミュニケーション相手、決定の結果のシミュレーションまたは失敗が許容される練習こそが必要といえるだろう。そのようなゆるやかな態度と対比すれば、昨今の自己決定至上主義の社会的隆盛は、他者との関係性についてあれこれ思い悩むことなく、さっさと自己決定することを強制されていると考えられる（仲正 2003: 201）。

他方で、自己決定が主張されたり、許容される背後には、現代社会の社会意識としての「個性神話」が存在すると考えることができる（土井 : 2003）。現代社会においては生産の場面での個人の能力発揮、消費や教育の場面での個性の尊重が強く打ち出される。そのように個性が追い求められる一方で、それを現実の行為や意識で達成することは難しい。個性的であることを煽られる、「〈個性〉のアノミー」はむしろ人々を焦燥感にさいなむ。しかも、そこで主張される個性には従来と異なる性格が色濃く投影されている。様々な関係や他者との比較の中で自らが持つ行動や意識の固有性や独自性に気づき、それが相互関係の中でさらに磨かれ培われていくものが、従来考えられていた個性だとすると、現代社会において主張される個性は、生まれ落ちた時から本源的に自己に備わっているものであり、そのような秘められた要素が現実に発現するかどうかがポイントになるのである。しかし、自分の中に内在的に完結した自己がもともと存在するという考え方は、他者との関係やコミュニケーションを通じた社会化による変化という観念、ひいては時間感覚や歴史感覚の欠如を生みだし、自己の位置づけをむしろ不安定化させていくのである。

すると、適切な自己決定のためには、自己を孤独で孤立した存在ととらえるのではなく、様々な人間関係の網の目の中の交点に存在するようなものと自己をとらえることが求められる。再び、ジンメルをひいてみよう。「個人とは社会的な糸がたがいに結びあう場所にすぎず、人格とはこの結合の生じる特別な様式にほかならない」（Simmel 1908=1994（上）：12）。すなわち、〈関係の中にある自己〉像である。人間はひとりで生まれてきて、ひとりで死んでいくという言い方が時になされる。自己のみを中心におけば、そのような見方もなりたつであろうが、現実には、人間は他者の中に生まれてきて、他者の中で死んでいくのである。人々によって語られ記述される「自分史」というものが、自分の心情をつづっただけでは整理できず、その史的展開には必ず他者が登場する。したがって、自分史とは自己と関係のあった「他者関係史」でもあり、「自己ネットワーク史」というのが、その内容を適切に表現することになる。

自己決定は時代を象徴するひとつのキーワードになっている。しかし、問題領域ごとの相違も大きい。他者の介入を防ぐことに意義があり、そのために戦略的に自己決定を主張せざるをえない領域、責任の押しつけ合いの中で、自己決定の主張が当事者の孤立しか生み出さない領域。現代社会は、人々の生と死にかかわる医療と福祉の進展を通じて、自己決定というパンドラの箱をあけてしまったといえよう。その重みに耐えられるのか、耐えかねるのかは、配慮と自由が共に許容される思考と、それを支える人間関係のあり方、そして何が自己決定に任されるべきなのかという判断によると考えられる。

7　むすびにかえて

私自身を含め、本書は社会学をディシプリンとして研究しているものたちによる著作となっている。社会学の英語は sociology であるわけだが、それは socio と logos に分解可能な言葉である。このうち、socio はラテン語で「つなぐ」という意味を有している。したがって、社会学は、原義的には「つながりの論理学」とでもいうべきものということになる。若林幹夫がシンプルな比喩で、人々の集散の様子を「あつまり」「ちらばり」「つながり」と分けた例がある。「あつまり」は凝集性があり、「ちらばり」はその都度の結びつきで切れてしまうが、その中間ともいえる「つながり」は分散的だが恒常性や継続性を有する。これらの言葉は、社会学における「集団」「群衆・大衆」「ネットワーク」といいかえることができる（若林　2007: 170）。「あつまり」のきつさに人々は耐えられずに、個人化の方向を求めている。しかし、それでは、人々は焦点のない「ちらばり」の中に埋没していくことになる。関係のないところでは、自らのアイデンティティも担保しえない。そこで、人々は「あつまり」ほどきつくなく、「ちらばり」ほど殺伐としていない、「つながり」を模索しているともいえる。しかし、人々の希求の程度は全面において必ずしも確認できるほどのものではない。心地よい関係を築ける本当にわずかな人たちだけでよいという考えもあろうし、かつて「仲間以外は皆風景」と言われたことがあるように（宮台　2000）、「つながり」の範囲は限定的であったりもする。むしろ、つながらないということへの視点も重要となってこよう。つながらないことのひとつの現れ方が、人々があるいは制度が、ある人々を排他的に扱う排除である。

社会制度における排除の問題が、3節で検討したように、微細な日常性の中で折り重なるような多重性をおびて展開していることを確認することができる。もちろん、社会制度をめぐる排除の多重性と言い、批判的なまなざしを向けることはそれほど難しいことではない。しかし、完璧な人間がいないように、完璧な社会制度もありえない。そして、完璧な相互行為というものもありえない。人々の生を保障しようとする社会制度によって排除が完全に除去されるということはないであろう。多層性の中で、むしろ排除的な機能や様相を人々の生を保障しようとする社会制度の集積たる福祉国家が呈していることさえありうる。むしろ、どこか小さなところであるいは見方を変えれば排除が起こっているのではないかと、終わりなき自己反省に携わる必要に迫られること。そして、包摂しようとする社会それ自身の問い直しをそもそも続けていかなければならないということ。関係をめぐる問いがもたらすものは、そういうことであろう。「つながりの論理学」はつながらないことへの視点ももちうることによって、より包括的で現実的な視点となっていくのである。関係への希求があるがゆえに、関係への忌避もある。関係をめぐる問いも同様であるといえよう。

【文献】

Beck, U.（1986）*Riskogesellschaft*, Suhrkamp Verlag.（東廉・伊藤美登里訳（1998）『危険社会』法政大学出版局）

ベック、ウルリッヒ・鈴木宗徳・伊藤美登里編（2011）『リスク化する日本社会』岩波書店

Beveridge, W.（1942）*Social Insurance and Allied Services.*（山田雄三監訳（1969）『社会保険および関連サービス』至誠堂）

土井隆義（2003）『〈非行少年〉の消滅』信山社
Durkheim, E.（1893）*De la division du travail social*, Félix Alcan.（田原音和訳（1971）『社会分業論』青木書店）
藤村正之（2007）「医療・福祉と自己決定」長谷川公一・浜日出夫・藤村正之・町村敬志『社会学』有斐閣、二七七～三一二頁
――（2009a）「生活保障をめぐる個別性と集合性の拮抗」『社会学研究』85、東北社会学研究会、六五～八四頁
――（2009b）「社会学とはどのような学問か」社会福祉学双書編集委員会『社会福祉学学習双書12 社会学』全国社会福祉協議会、一～一七頁
――（2013）「個人化・連帯・福祉」藤村正之編『シリーズ福祉社会学3 協働性の福祉社会学』東京大学出版会、一～二六頁
伊藤美登里（2008）「U・ベックの個人化論」『社会学評論』59-2、有斐閣、三一六～三三〇頁
栗原彬（1994）『人生のドラマトゥルギー』岩波書店
Marshall, T. H.（1975）*Social Policy in the Twentieth Century*, Hutchinson & Co, Ltd.（岡田藤太郎訳（1981）『社会政策』相川書房）
南伸坊（1985）『哲学的』角川文庫
見田宗介（1979）『現代社会の社会意識』弘文堂
宮台真司（2000）『世紀末の作法』角川書店
仲正昌樹（2003）『「不自由」論』ちくま新書
大沢真理（1986）『イギリス社会政策史』東京大学出版会
Simmel, G.（1908）*Soziologie*, Duncker & Humblot.（居安正訳（1994）『社会学（上）（下）』白水社）
副田義也（2001）「貧者の権利とスティグマ」居安正・副田義也・岩崎信彦編『21世紀への橋と扉』世界思想社、一〇〇～一一三頁
武川正吾（2007）『連帯と承認』東京大学出版会

上野千鶴子（2007）『おひとりさまの老後』法研
山田昌弘（2001）『家族というリスク』勁草書房
若林幹夫（2007）『社会学入門一歩前』ＮＴＴ出版

第4章

ピュアという鏡

——戦後社会の自画像

稲垣恭子

1　ピュアへの問い

戦後、大量に輸入された洋画のなかで記録的なヒットになったもののひとつに、フェリーニ監督の『道』という作品がある。車で放浪しながら体に巻いた鎖を胸の力で引きちぎるという芸を見世物にして生活するザンパノという男と、ザンパノに1万リラ（当時のイタリア通貨）で買い取られ、助手兼パートナーとしてついて回るジェルソミーナという少し頼りない田舎娘の旅回りの日常を淡々と描いたもので、これといった事件やドラマがあるわけではない。にもかかわらず、日比谷スカラ座では初日から連日満席で期間延長するという大盛況ぶりだった。

観客の多くが感動したのは、まずジェルソミーナの純真なピュアさである。彼女の仕事は、料理や洗濯などの雑用と見世物の口上や音楽の伴奏だが、要領が悪くてなかなか覚えられず、ザンパノに邪険に扱われることもしばしばである。それでも一生懸命やっているうちに、音楽や芸そのものが楽しくなっていく。その繊細な感受性と打算のなさ、自己主張も反抗も知らない弱さがもたらす独特の雰囲気に、見ている側は惹きつけられていくのである。

ジェルソミーナのこの超俗的なピュアさを際立たせるのが、ザンパノの粗野で世俗的な生活力である。生きるとは食べることであり、他者との関係も役に立つかどうかだけで決まる。ザンパノはあるとき、自分をからかう軽業師を殴り殺してしまうのだが、それによって正気を失い、助手の仕事ができなくなったジェルソミーナも見捨てて置き去りにする。

しかし時間がたって、ジェルソミーナの死を知ったザンパノに、はじめてかけがえのないものを失った後悔と孤独が押し寄せる。海岸でザンパノが慟哭するラストシーンのインパクトもあって、観客の反応にはザンパノへの共感も少なくなかった。現実を生きることのせつなさや哀しみに自分自身を重ねて、痛みと共感を覚えた人も結構いたのである。

この映画が日本で公開された1957年といえば、本格的な高度経済成長が始まる時期である。社会的成功への夢が膨らむ一方、現実にはまだ経済的、社会的な問題は解消されてはいない。挫折や諦めも広がっていく。それとともに、打算的で自己中心的な生きかたへの疑念も生じてくる。ジェルソミーナのヴァルネラブルなピュアさへの後ろめたさを伴った憧れとザンパノの現実主義への共感は、弱さを内包したピュアさを失っていく自身と社会に対する自省と、そうした現実に馴染んでいくことへの諦めと受容が入り交じる過渡的な時代感覚でもあった。

しかし最近では、ピュアという言葉からこうした超俗的なものへの憧れや負い目といった感情を伴ったニュアンスは消失し、むしろ自己中心的な傲慢さと同義になっていることが少なくない。日常生活のなかで「ピュアな人」というと、「世間知らず」とか「坊っちゃん（お嬢さん）育ち」「専門バカ」「ゲージュツ家肌」のように、未熟さと傲慢さをダブルにした社会性のなさへの揶揄的なニュアンスを帯びていることも多い。あるいは、その無害さだけが強調されて「天然」とか「おバカ」と同じような意味に使われることもある。また、さらにそれを逆手にとって、配慮のなさや無神経さを計算のなさとすり替えて、自己主張を受け入れさせる戦略になっているようにみえることもある。たしかに現在では、そういう解釈のほうが現実的で説得力があるように思えることも少なくない。

このように、ピュアをめぐるイメージはずいぶん変わってきたが、社会の世俗的な価値や規範からはずれた何かを結晶化させたイメージであることは、基本的に共通している。その意味では、ピュアは「俗」の世界に属するものではなく、それを超越した何かである。しかしだからといって、「聖」や「遊」の世界に属しているというわけではない。

そもそもピュアというのは、特定の人物や対象のなかに、その特性が内在的に存在するわけではない。そうではなく、見る側が社会の世俗的な価値や規範からはずれた何かをピュアなものとして発見するのである。それは、〈ピュア＝超俗〉なものに照らして、その反対側にある〈俗悪〉なものを相対化する契機になると同時に、場合によってはピュアそのものを排除の対象として抉り出す。そこには、社会が何をピュアとしてきたのか、その反対側で何が排除され隠蔽されてきたのかが映し出される。いわば、「ピュアという鏡」なのである。

それでは、戦後日本の社会において、「ピュアという鏡」には何が映しだされ、どう変容してきたのだろうか。本章では、このような観点から、純愛、難病（障害）、死と喪失を共通のモチーフにした小説・映画をいくつか取り上げながら、「ピュアという鏡」に映しだされた戦後社会の自画像について考えてみたい。

2　ピュア＝理想の時代

「純愛」ブーム

「純喫茶」「純愛」「清純派スター」など、「純」がつくことばがやたらに目につくようになった時期がある。1950年代後半から1960年代頃である。今ではあまりみなくなったが、「純喫茶」というのは、アルコール類を出したりサービスする女性がいるようなところではなく、コーヒーや紅茶だけを出す喫茶店のことである。食べるものもトーストやサンドイッチなどの軽食以外のメニューはあまりないことが多い。いってみれば普通の喫茶店なのだが、戦前のカフェのような軟派な雰囲気ではなく、本格的にたてられたコーヒーを吟味しながら飲むというような、まじめでストイックなニュアンスも含まれていたように思う。

「純愛」をテーマにした本や映画が一大ブームになったのも、ちょうどこの頃である。夫婦や恋愛関係にある若い男女の日記や往復書簡が、「純愛日記」という形で相次いで出版されていった。田宮虎彦と田宮千代夫婦の『愛のかたみ』（1957年）、河野実・大島みち子の往復書簡集である『愛と死をみつめて』（1963年）、夫にあてた手紙や短歌を収録した池上三重子の『妻の日の愛のかたみ』（1965年）、女子高校生の初恋日記を公開した佐伯浩子の『わが愛を星に祈りて』（1965年）など、現実の夫婦や恋人同士の日記や手紙をもとにした作品は、いずれも評判を呼んだ。[*1]

これらの作品では共通して、夫婦であれ恋人同士であれ、ふたりの関係が相手に対する思いやりや愛情だけに支えられた純粋なものだということが繰り返し強調されている。「私にとって千代がすべてであり、千代にとって私がすべてであった」（田宮 1957）、「私は、この現実世界に存在するものは愛情だけだと思う。他のものは何もない」（同書）、「みこを知り得なかったら、こんな豊かな人生を送ることは出来なかったろうし、また僕の心をこんなに純粋にしてくれなかったと思い、感謝の念でいっぱいです」（河野 1963）といったように、二人の間の愛情やそのかけがえのなさが全開で表現されている。

もうひとつこれらの作品に共通しているのは、田宮千代が癌、大島みち子が顔面軟骨肉腫、池上三重子がリウマチ、佐伯浩子がカリエスというように、女性のほうがいずれも難病を抱えていることである。死を意識した闘病生活のなかで、ふたりの愛情がますますその純度を高めていくと同時に、そのなかで生きることの意味が真摯に問われているのである。

『愛と死をみつめて』

これらの作品のなかでも、とくに社会的反響が大きかったのが『愛と死をみつめて』である。顔面軟骨肉腫という難病と闘いながら、21歳で亡くなった大島みち子さんと恋人の河野実さんとが実際に交わした400通を超える往復書簡をまとめたこの本は、出版された1963年だけで130万部を超えるベストセラーになった。

1964年の毎日新聞『読書世論調査』では、「よいと思った本」「最近買って読んだ本」「今買いたい本」のいずれでも、この『愛と死をみつめて』が1位になっている。読者層は、女子高校生、女子大学生、若い主婦など10代、20代の女性が圧倒的に多いが、30代以上や男性にも広がっていて、青春ものとしてだけ読まれたわけではないことが推察される。

映画やテレビドラマもつくられ、これらも人気を呼んだ。「清純派スター」の代名詞ともいえる吉永小百合と浜田光夫のゴールデンコンビによる映画は大ヒットし、主題歌（青山和子「愛と死をみつめて」）はレコード大賞を受賞した。「日本中が泣いた！ 吉永・浜田が涙で綴る純愛の記録」というコピーからもうかがえるように、それまでの性描写を前面に出した作品とはちがう「純愛路線」が前面に謳われている。

テレビドラマのほうも、放映時には局に「開局以来はじめてという1万5千通、ほかに主演俳優二人の家にもそれぞれ千通近い感動の手紙、再放送をのぞむ手紙が寄せられ」（『日本読書新聞』1964）、再放送の日（5月26日）は、これを見るために学校を休む生徒が大量に出たというエピソードもあったほどである。往復書簡という本の実話性と、映画やテレビドラマ、歌などのヒットによって増幅されたドラマ性の両方が、空前の大ヒットを呼び起こしたのだろう。それにしても、これほどの反響を呼んだのはなぜだろうか。

生きかたとしての「純愛」

『愛と死をみつめて』の読者や観客の多くが感動したのは、不治の病と闘いながら最後まで貫いた二人の一途な「純愛」である。

「みこ！ 僕は心から君を愛している。だから一日も早く、病気よくするよう、頑張ってください」（同書：45-46）、「今夜は妙に淋しい。みこと別れて、一週間も過ぎないうちに、みこに会いたくてたまらない。冷たい病室に一人みこをおいてきてしまって、余計、みこがいじらしい」（同：64）、「まこ、会いたいの。どうしてこんなことばかり想像するんでしょう。まこと会っている場面ばっかり──。でも本当だから仕方ありません。目が見えなくなってもいい。口がきけなくなってもいい。足が片方なくなってもいいわ。会いたいわ」（同：116）といった文面からは、病気が進むにつれてますます愛情が深まっていく様子がうかがえる。

河野実さんのところには、読者から1千通近い手紙が寄せられたというが、そのなかには「よくここまで愛し通せた」「古今の愛や苦悩についての言葉を今までは言葉にすぎないと思っていたが、真実であることを学んだ」「大人のみにくさのみを経験して生きてきたが、こういう愛もあったのかと感激」など、二人の「純愛」を賞賛するものが圧倒的に多かった（『日本読書新聞』1964）。これらの投書や手紙を書いたのは17～18歳から21～22歳の若い女性が多かったようだが、30歳代の若い主婦たちからのものもあった。そのなかには、自分は見合いで結婚したが、自分の子どもにはふたりのような真の愛を経験させてやりたいといった内容のものも結構あったようだ（前掲 1964）。

新聞や雑誌の書評でも、「こんなにも純粋に、ひたむきな愛に生きる若い人達のいることを知って感動した」（『朝日新聞』）、「こんなにもすばらしい恋愛があるのかとすべての人に感動の嵐をよびおこす」（『マドモアゼル』）というように、二人のひたむきな「純愛」への賞賛と感動が語られている。「マコ、甘えてばかりでごめんね、ミコはとっても幸せなの」という歌詞で始まる映画の主題歌からも、不幸の影はあまり感じられない。マコとミコの「純愛」は、不治の病や死という不幸よりも、新しい時代の愛の形を結晶化させたものとしてとらえられていたのである。

さらに二人の「純愛」は、人生や生きかたの問題へとつなげられる面もあった。「オレも一生けん命になれば何かをやりとげることができると勇気を得た」という読者からの手紙や、「愛すること、生きることを、これほど真剣に考えさせてくれる本は他にはない」(『美しい十代』)、「不治の病になりながらかくも明るく強く生きた記録は私達に勇気と希望を与える」(『読売新聞』)といった書評からも、「純愛」を「人生論」として読もうとする見かたもうかがえる。

ちょうど人生論がブームになっていた時期でもある。当時、『葦』『人生手帖』『青春の手帖』などの人生論雑誌が、高校生や夜間大学生、中小企業で働く青年たちに読まれていた。[*2] また、新しい時代の女性の生きかたを指南する人生論も数多く出版されるようになった。『愛と死を見つめて』は、男女間の「純愛」の美しさへの賞賛だけではなく、病気や死と向き合いながら、それを乗り越えていこうとする前向きで真摯な生きかたのモデルとしても読まれたのである。

不幸へのまなざし

しかし、『愛と死をみつめて』の読者のなかには、こうした明るく前向きな「純愛」の側面よりも、みち子さんの「不幸」や孤独のほうにより強い共感をもった人たちもいた。大島みち子さんは、『愛と死を見つめて』に収録されている河野実さんとの往復書簡とは別に、自分自身との対話を中心にした『若きいのちの日記』(大島　1964)も残している。そこには、『愛と死をみつめて』のなかにはあまり出てこない闘病生活の苦しさや孤独が、生々しく記述されている。『若きいのちの日記』に書かれているような病気との壮絶な闘いや孤独に自分自身の現実を重ねてみる人たちもいたのである。

見田宗介は、『愛と死をみつめて』には、〈愛〉に比重をかけた読みかたと〈死〉に比重をかけた読みかたのふたつがあると指摘している。先にみてきたような「純愛」への憧れや賞賛が前者だとすると、後者はみち子さんと自分を同じ「不幸」を抱えるものとしてみる見かた（「不幸の一体感」）である（見田 1967）。そこには、「人生の「最悪事態」をあらかじめ観念において先取りする」ことによって、「不安の深淵の『底』をたしかめ、そこにかえってやすらぎを見出す」（同書：226）というメンタリティが存在しているという。

そうした苦悩に耐えるための唯一のよりどころが「純愛」である。大島さんの病気や孤独に共感し、自らの「不幸」を受け入れようとした読者にとって、『愛と死をみつめて』はバイブルのように映ったのかもしれない。しかしそれは、一方では現実を余儀ないものとして受け入れさせるものでもある。その意味では、「純愛」物語は、現実における挫折や「不幸」を癒し、ピュアな世界へと誘ってくれる救済の物語であると同時に、現実の不幸から目をそらし受け入れやすくする側面もあったといえるだろう。

理想＝ピュアという鏡

『愛と死をみつめて』が社会の注目を集めた１９６０年代は、経済、文化のいずれの面でも高度経済成長のただ中にあった時代である。テレビ、冷蔵庫、洗濯機が「三種の神器」といわれ、家電製品や高級自家用車、革張りのソファなどが象徴する「デラックス」な生活への憧れが大衆的なレベルで広がっていった。「もはや戦後ではない」という意識が実感をともなうようになりつつあった。

教育という点からみれば、高校進学率はすでに50パーセントを超えてユニバーサル化していった。高等教育への進学も急速に拡大しはじめ、男子は4年制大学、女子は短大を中心として進学率は大きく増加していった。一方、集団就職で若者が労働力として東京へと集中しはじめるのもこの時期である。

このように、経済的な豊かさと社会的な上昇が、手に入れられる現実的な夢として膨らんでいったが、一方ではそうした夢に手が届かない挫折感や諦めも生じてくる。社会的成功をめざすのとは異なる別の生きかたの理想も求められるようになる。*3

このような時代に、『愛と死をみつめて』は、ミコとマコの「純愛」を通して、現実のなかでさまざまな困難や弱さをもちながら生きている多くの人に感動と希望を与えた。「純愛」＝「ピュアという鏡」は、戦後社会の大きな変化のきざしのなかで、このような理想主義への憧憬を大きく映し出すと同時に、その反対側にある現実の不幸や社会的排除も映し出していたのである。

3　理想の終焉とピュアの喪失

『ノルウェイの森』

しがし、このような明るい理想主義は、1960年代の終わり頃には陰りをみせるようになる。物質的な豊かさの追求は、他方では公害や過重労働などの社会問題を顕在化させ、学生運動が終わったあとの大学には空虚感が漂いはじめる。それとともに、ピュアなものへの感覚も変化していく。『ノルウェイの森』（村上春樹　1987）に描かれているのは、こうした時代の感受性である。発行されてから現在まで、累計すると1000万部を超える大ベストセラーになるとともに、海外でもよく読まれている作品である。

物語は、37歳になった「僕」（ワタナベトオル）が、18年前（1968年）の学生時代のことを回想するという形で始まっていく。過去という鏡を通して当時の自分や社会の姿を確かめる旅に出るのである。主な登場人物は、大学生の「僕」と、自殺した友人の恋人だった直子、同じ大学に在籍していて恋人になっていく緑、同じ寮に住んでいる東大生の永沢とその恋人のハツミ、療養施設で直子と親しくなるレイコなどである。

ストーリーは、「僕」と直子、緑の関係を中心に、登場人物たちの恋愛や関係をめぐって展開していく。主なモチーフになっているのは、恋愛、性、病気、死、喪失などだが、そこで展開されるのは、『愛と死をみつめて』のような明るく前向きな「純愛」ではない。

まず、『愛と死をみつめて』では、性に関わることはほとんど触れられていないし、[*4]二人の純愛を妨げる第三者の影も存在しない。しかし、『ノルウェイの森』では、恋愛も人間関係ももっと込み入っている。たとえば、直子の恋人だったキズキは17歳のときに自殺するが、その後も「僕」と直子の間にはいつも彼の影が存在しているし、「僕」自身も直子と緑の間で揺れ動いている。また、永沢はハツミという恋人がいながら数多くの女性と関係をもっている。そういうねじれた関係のなかで物語は展開する。

また、どちらの作品においても死は重要な位置を占めているものの、『愛と死をみつめて』においては、死そのものよりもそれによって限定された生の充実のほうに全力が傾けられている。「純愛」のピュアさが映し出していたのは、境遇の不幸にもかかわらず真摯で前向きな理想主義的志向である。それに比べると『ノルウェイの森』には、生と死と性的エネルギーが近い距離にあって一緒に存在しているような不安と暗さがある。前向きで明るい理想主義は姿を消し、先のみえない不透明な日常が漂っている。そういうなかで、「僕」たちはそれぞれ現実と向き合い、そして直子とハツミは死を選ぶことになるのである。

直子とハツミは、タイプは違うがどこかピュアさを感じさせる存在である。二人の死が意味するものは何だろうか。

行き場のないピュア

直子のピュアさは、生と死が接近した不透明な現実のなかで、本当に拠り所となるものは何かを、ストイックに追求する態度にある。それは、「僕」が飛行機の中で直子の記憶を呼び起こす冒頭の場面からも伝わってくる。

「僕」と直子は雑木林のなかを歩きながら、井戸の話をしている。足もとにぽっかりと開いた大きな井戸に落ちてしまうのではないかと不安がり、「僕」の手につかまろうとする。ずっとそうしていたいといいながら、それはいけないことだと頑なに避けようともする。一方的に「僕」にすがって負担をかけたり、そうやって利用することは「正しくない」し、「僕」を傷つけることになるからだというのである。物事はそんなに突き詰めても解決するわけではないと思っている「僕」は、もっと肩の力を抜けばいいのにと、俗ないいかたをしてしまう。そうすると、直子は急に乾いた声で「もし私が今肩の力を抜いたら、私バラバラになっちゃうのよ。私は昔からこういう風にしか生きてこなかったし、今でもそういう風にしてしか生きていけないのよ。一度力を抜いたらもうもとには戻れないのよ」（村上（上）：18）というのである。

直子は、自分自身を保つのが困難な状態になっても、他者を自分のために利用するような「道具的」で「自己中心的」な関係をもつことを自分に容認することができない。既に病気が進んでいた時期だということもあるが、だからこそ一層、直子の真摯で潔癖なピュアさを浮き上がらせている。

このストイックで理性主義的なピュア自体は、『愛と死をみつめて』の「純愛」にもある程度、共通している。しかし、『愛と死をみつめて』の「純愛」のピュアさは、病気や死という現実の困難を二人で乗り越えていくことによって「本当の愛」に到達するという、現実の生に根をおいた理想主義に基づいている。一方、直子が思い描くピュアな関係は、それがピュアであるほど、現実の関係としては成就しにくい。より超越的な志向をもった理想主義的態度である。しかし、その志向性の先にある理想がどのようなものかは不透明である。現実のなかで「僕」との具体的な関係を創っていくこともできず、しかしかといって理想の形も見いだせないまま、直子のなかで真実を追い求めるストイックな志向と姿勢だけが空回りする。『愛と死をみつめて』の「純愛」とは異なる、息苦しいようなピュアさである。

ピュアを追いやるもの

しかし、直子がはじめからこうした病的なピュアさをもっていたわけではない。元々はまじめで清純な普通の高校生だった。恋人のキズキの自殺も陰を落としているだろうが、大学生になって「僕」が出会ってからの直子は、自分がどこにいてどこへ行こうとしているのかを真摯に問い詰めようとするところが強くなっていった。「僕」と話していてもその目は透明で何も映っていないようにみえる。そういう直子との関係に、「僕」は一方では淋しさを感じながらも、一方ではそれを一緒に受けとめていこうとする気持ちが交錯するのである。

そんなとき「僕」は、大学で同じ授業をとっている緑に出会い、徐々に惹かれていくようになる。直子の透明な目に「僕」は映っていないが、緑は「僕」にまっすぐに向かってくる。「僕」のことばや態度にストレートに反応して喜んだり怒ったりする緑に、直子の繊細さや鋭敏な感受性とは違った優しさや親近感を感じるのである。緑の魅力は、次のようなアルバイトのエピソードにも表れている。地図の解説を書くアルバイトで、町のハイキングコースや伝説や鳥や花の紹介に加えて、ちょっと面白いいいエピソードを入れておくのがコツなんだと、「僕」に話す場面がある。「でもよくそういうエピソードがみつかるもんだね、うまく」と聞くと、「そうねえ」と首をひねってから、「見つけようと思えばなんとか見つかるものだし、見つからなきゃ害のない程度に作っちゃえばいいのよ」というのである（同（上）：132－133）。地図をもたずに町を歩き回る直子とは違って、地図に面白いエピソードを書き込んでいく緑の現実的な明るさが、「僕」にとって救いになっていったのかもしれない。

そのことを、「僕」は直子に正直に話す。そこには、正直さを誠実に置き換えることで後ろめたさから逃れようとする自己欺瞞がなかったとはいえないだろう。療養所に入った直子からの手紙には次のように書かれている。「外の世界では多くの人は自分の歪みを意識せずに暮しています。でも私達のこの小さな世界では歪みこそが前提条件なのです。私たちはインディアンが頭にその部族をあらわす羽根をつけるように、歪みを身につけています。そして傷つけあうことのないようにそっと暮しているのです」（同：182）。

「歪み」から目を逸らさず、かつ傷つけあうことを極度に避ける。そして相手を責めるのではなくすべて自分の責任にしていく自罰的なサイクルのなかで、直子のピュアさは行き場を失っていく。直子の死は「僕」自身にとっても、その一部を失うような喪失感をともなうものだった。「僕」は、直子のピュアさが外部へと排除されていくのに加担しながら、自分のなかにも存在する同質の何かを捨て去ったのである。直子の死は、「ピュアという鏡」が現実の中で輝きを失っていく過程と同時に、現実の閉塞感や欺瞞を映し出しているのである。理想に向かって前のめりになっていた時代が終わって、鬱積した空気が広がっていた時代の空気がそこには感じられる。

アイロニカルな現実主義

ピュアが社会を映し出す鏡としての意味を喪失していく一方で、より徹底した現実主義が姿を現してくる。それを表象するのが永沢である。永沢は、大学卒業後は外交官になる予定で、公務員試験にも合格する。しかし彼は、ただ優等生というだけではない。成績がよく読書家でもあるが、一方では揉め事をまとめるためにナメクジを飲み込んでみせるという突拍子のなさや、ハツミという恋人がいながら平然と派手な女性関係を繰り広げるという性的無規範さももっている。「僕」にはそういう永沢が、高貴な精神と俗物性、優しさと底意地の悪さ、楽天的な行動力と孤独で陰鬱な内面をあわせ持った魅力的な人物に映る。

永沢を支えているのは、理想の否定の上に成り立つ冷徹でニヒリスティックな現実認識である。彼が外交官になろうとしているのは、権力欲や金銭欲のためでも、また理想の実現のためでもない。人生はゲームに過ぎないという冷めた認識の上で、ゲームに勝とうとしているのである。「自分がやりたいことをやるのではなく、やるべきことをやるのが紳士だ」（同：118）というのが、彼の人生観である。

永沢の現実主義は、『道』のザンパノのような食べていくための現実主義とも、ただ真面目で規範的という意味での現実主義とも違っている[*5]。永沢は、既存の現実＝秩序を自省することなく受け入れるのではなく、それを見極めつつゲームとして生きようとする。現実への適応を超えた現実主義という意味ではハイパー現実主義であり、また理想主義も現実主義も相対化するという意味ではアイロニカルな現実主義である。

理想が輝きを失ったどんよりとした時代の空気のなかでは、永沢のような享楽的で冷徹なアイロニカルな現実主義的な生きかたが、ある種の迫力と魅力を放ってみえる。セルフ・リフレクションを内蔵するアイロニカルな現実主義を前にして、直子に表象される「ピュアという鏡」は力を失っていくのである。

根源的受容性というピュア

ところで、永沢のハイパー現実主義のもうひとつの対極にあるのが、恋人のハツミのもつ受容性である。ハツミは、永沢の屈折した内面を理解しているかどうかは別として、全面的に受け入れている。「僕」の印象では、一見平凡だけれど、少し話すと誰もが好感をもつようなタイプの女性である。「とびっきりのお金持の娘があつまることで有名な女子大」(同：76)に通っていて、いつも素晴らしく上品な服を着ている。性格も「穏かで、理知的で、ユーモアがあって、思いやりがあって」(同)と、嫌なところはほとんど見当たらない。永沢が他の女の子たちと遊びまわっていることにもなんとなく気づいているが、ほとんど文句をいったこともない。

永沢自身、「僕にはもったいない女だよ」と認めているが、その存在の意味を十分に自覚しているわけではない。人生をゲームとして生きようとしている永沢にとって、すべて受け入れてくれるホームは重要ではない。だから誰とも結婚するつもりもない。結局、ハツミは、永沢がドイツに行ったあと他の男と結婚し、その2年後にふっと自殺してしまうのである。

ハツミが亡くなった後、「僕」が旅先のサンタフェで急にハツミのことを思い出す場面がある。永沢の恋人だったハツミは、「僕」にとっては直接的な関係があったわけではない。しかしそのとき、彼女がもたらすささやかだが深く相手をとらえる力についてはっきりと自覚する。

「それは充たされることのなかった、そしてこれからも永遠に充たされることのないであろう少年期の憧憬のようなものであったのだ。僕はそのような焼けつかんばかりの無垢な憧れをずっと昔、どこかに置き忘れてきてしまって、そんなものがかつて自分の中に存在していたことすら長いあいだ思いださずにいたのだ。ハツミさんが揺り動かしたのは僕の中に長いあいだ眠っていた〈僕自身の一部〉であったのだ。そしてそれに気づいたとき、僕は殆ど泣きだしてしまいそうな哀しみを覚えた。彼女は本当に特別な女性だったのだ。誰かがなんとしても彼女を救うべきだったのだ」（同：132）と。

「僕」がハツミのなかに見出したのは、「僕」のなかにもあった（はず）の私心のない無垢な優しさや、根源的な受容性である。それは日常では意識されることも少なく、失われてはじめて気づくようなものである。「僕」がハツミの死によって気づいたのは、自分自身も気がつかないうちに、このもうひとつの「ピュアという鏡」を失っていたことである。

このような根源的な受容性としてのピュアは、『道』のジェルソミーナとも共通したところがあるだろう。ジェルソミーナの死は、ザンパノにかけがえのないものの存在やそれを失ったことへの激しい悔恨と自責を呼び起こした。ジェルソミーナやハツミが表象する受容性は、道具的な関係を優先する社会が排除したものと、それへの自責を静かに映し出す鏡でもあったのである。

直子とハツミの死が表象するのは、現実のなかに生を見出せず社会のなかから排除されていくピュアさであり、「ピュアという鏡」が社会のなかからその意味を失っていく過程である。物質的な豊かさが社会一般のなかに広がっていき、人間関係も道具化の度合いを深めつつあるなかで、自己と社会を映し出す鏡としての理想主義は後退していく。直子のような本当のものを問い詰めるストイックな態度も、またハツミのように穏やかな受容性も、その場所を失っていくのである。その一方で、セルフ・リフレクションによって現実を維持していくアイロニカルな現実主義が前面化していく。「ピュアという鏡」が、社会のなかから消失していくことがうかがえるのである。

『ノルウェイの森』が出版された1987年頃には、ピュアということばはすでに輝きを失いつつあった。「僕」という目を通してとらえられる直子やハツミ、永沢の姿は、そうした時代の流れを映しだしているように思われるのである。[*6]

それでは、「ピュアという鏡」を喪失したあとの社会には、どのような鏡が生まれてきたのだろうか。

4　純愛＝アイロニカルなピュア

「セカチュー」現象

純愛、病気、死と喪失というモチーフ自体は、その後もなくなったわけではない。『恋空』などのケータイ小説でも健在である。なかでも、片山恭一原作の『世界の中心で、愛をさけぶ』(2001)は、刊行されてから3年間に300万部を突破し、累計では『ノルウェイの森』を超える大ヒットとなった作品である。

ストーリーは、松本朔太郎(サク)と広瀬亜紀(アキ)という高校生男女の「純愛」と白血病によるアキの死、残されたサクの喪失感と再生という構成になった純愛物語である。初版が刊行された当初はさほどではなかったが、さまざまなヴァリエーションをとった映画やテレビドラマ、コミックなどが次々と出され、舞台でも演じられるようになるのにともなって、ぐんぐん売れ行きを伸ばしていった。映画の主題歌「瞳をとじて」も大ヒットし、恋愛中のカップルがテレビドラマのロケ地を訪れるようになるなど、「セカチュー現象」と呼ばれるほどの人気ぶりだったのである。活字だけでなく、コミック、映画、ラジオ、テレビなどメディアを多面的に動員した展開は、メディア時代のヒット作ということができるだろう。

不治の病によって未来が閉ざされた時間のなかでの「純愛」が中心テーマになっているという意味では、実話を基にしたという点を除けば『愛と死をみつめて』とよく似た展開になっている。作品に登場するのは、サクとアキ以外には、二人の友人である大木という同級生と、サクの祖父、アキの両親くらいで、基本的にはサクとアキの「純愛」が中心になっている。

また、アキが亡くなってから10数年たったあとで、30代になったサクが当時を振り返って回想するという構成になっている点では、『ノルウェイの森』にも類似している。ただし回想されているのは、『ノルウェイの森』が舞台として設定した1968～1970年から10年ほど経過した1980年代である。ストーリーの細部のエピソードにも似たところが結構ある。しかし、この作品が大人気を博した魅力は、『愛と死をみつめて』とも『ノルウェイの森』ともまた違ったところにあるようにおもえるのである。

対立する世界の不在

まず、この作品が『愛と死をみつめて』とも『ノルウェイの森』とも違うのは、対立する世界が不在だということである。『愛と死をみつめて』には、現実への適応に満足する現実主義に対抗する世界として、「理想」の世界が想定されていた。『ノルウェイの森』には、そうした理想主義に対する自己相対的なまなざしが意識されている。その自省的なまなざしのなかで、現実を映し出す鏡としてピュアの意味が問われていたのである。しかし、『世界の中心で愛をさけぶ』には、そうした対立する世界は存在していない。

物語は、アキがサクの前に現れるところから始まる。クラスのマドンナでサクの憧れでもあるアキが、まるでかぐや姫が降り立つような感じで、なぜかサクに近づいてくるのである。『ノルウェイの森』の冒頭が、「僕」が直子と雑木林を歩いたときの会話を思いだすときの「骨でもしゃぶるような」切実さや痛みをともなった回想ではじまるのとは対照的に、美しく幸福なノスタルジアに包まれている。

その僥倖のような出会いとそこから展開する「純愛」もまた、ノスタルジックな懐かしさを帯びている。二人の間をつなぐラジオの深夜番組へのリクエストやカセットテープによる「交換日記」、そうした80年代的な道具立ては、読者や観客にもふわっとした幸福感をともなったノスタルジアを呼び起こす。

回想のなかでは、サクとアキはひとつの世界を共有している。「ぼくが生まれてきた世界は、アキのいる世界だった」(同書：174)「ぼくにとってアキのいない世界はまったくの未知で、そんなものが存在するのかどうかさえわからないんだ」(同：174)というように、サクにとってアキとともにいる世界がすべてである。「どんなに長く生きても、いま以上の幸福は望めない。ぼくにできるのは、ただこの幸福を、いつまでも大切に保ちつづけていくことだけだ」(同：32)というように、そこには対立や葛藤は存在せず、幸福感だけが漂っている。

この閉じられた幸福な世界は、ふたりきりで過ごした夢島という無人島の記憶に象徴されている。「頭のなかいっぱいに、真っ青な夏の海が広がった。あそこにはすべてがあった。何も欠けていなかった。すべてを持っていた。（中略）あのまま永遠に漂っていたかった。そしてアキと二人で、海のきらめきになってしまいたかった」（同：182）。このふたりだけの幸福な世界は、アキの病気が発覚してからも変わらない。「白血病」（「再生不良性貧血」）という病名のイメージや病室という空間、そこでのふたりの会話は、病気や死の生々しさや葛藤のない、世俗から切り離された非日常的な世界のピュアさを感じさせる。死の予測が、アキを失いたくないというサクの切実な気持ちを前面化させ、「純愛」のピュアさもさらに引き立てられる。

この作品が人気を得たのは、誰にも邪魔されない二人だけの世界と「純愛」のピュアさである。ファンサイトには、「私はサクやアキと同じ高校生ですが、こんな恋がしたいなあと思いました。一番大切な人と過ごせる時間を大切にしていきたいなあと思わせられる映画でした」「僕は小さな存在で、これといって何もできませんが、心から人を愛することはできます。誰かを愛することで人は世界の中心になるのだと思います」「この映画をみて、少なくとも僕は少し垢や不純物がとれたような。人を好きになることってやっぱり良いなあと、少し心がきれいになれたような気持です」などの感想がたくさん寄せられている。これらの感想からも、この二人だけの世界のピュアさに読者や観客の多くが惹きつけられたことがうかがえるだろう。

不透明な未来

しかし、二人の世界の完結した幸福とは逆に、現実の未来は不透明である。サクとアキの会話のなかでは、未来への展望とか理想が語られることはほとんどない。語られるのは、未来の不透明さや閉塞である。たとえば、サクが「オゾン層は年々破壊されつづけているし、熱帯雨林も減少しているし、このままいくとぼくたちがおじいさんやおばあさんになるころには、地球上に生物が棲めなくなってしまうんだよ（中略）」（同：24）とアキに話す場面がある。アキは「それならそれでいいじゃない」「ずっと先のことを、いまから考えてもしょうがないわ」（同：25）と答える。いずれやってくる別れと、不透明な未来の現実に対する諦めが暗示されている。

しかし、閉塞した未来を前にしていても、ここには『ノルウェイの森』のような暗さは感じられない。むしろ、二人でいる幸福感のほうが全体を覆っている。それは、二人のまなざしが、現実の先にある世界に向けられているのではなく、現在のなかに創りだされた二人だけの世界を生きることに向けられているからである。それを象徴するのが、「夢島」という無人島であり、二人が行こうとして実現できなかった「オーストラリア」という場所である。

30歳を過ぎた朔太郎は、二人だけの幸福な世界の中心であった「オーストラリア」で、白い灰になったアキの骨を空中に放つことによって、その幸福な虚構から現実へと戻っていく。『ノルウェイの森』の最後の場面で「僕」が緑に電話をかけたのは、まだ混沌のなかにある「どこでもない場所のまん中」（村上（下）：293）だったが、サクがアキに訣別したのは、閉じられた虚構の世界の中心である。

ナルシスティックな鏡

『世界の中心で愛をさけぶ』への読者や観客の反応は、『愛と死をみつめて』の読者や観客とよく似たところがある。どちらも、病気や死よりも「純愛」のほうに焦点があてられていて、病気は不幸として以上に「純愛」の純度を高めるものになっている。

しかし、『愛と死をみつめて』においては、病気という困難を受けとめつつなお現実の中で前向きに生きようとする、理想主義的で前向きな態度が感動と共感をもたらしたのに対して、『世界の中心で愛をさけぶ』のほうは、二人だけの幸福な世界を永続化させたいという願望に、より共振している。

この幸福な世界は、現実とは切り離された世界である。そこには、現実を批判し相対化する自省的なまなざしはない。むしろ、閉じられた虚構の世界のなかで、その心地よさを永続化したいという願望のほうが強く表れている。サクとアキの「純愛」のピュアさは、ナルシスティックな鏡に映し出された互いの虚構の姿である。

『愛と死をみつめて』においては、不幸は現実からの疎外であったのに対して、『世界の中心で愛をさけぶ』においては、不幸は現実への疎外である。サクとアキの世界が表象するのは、現実における疎外や排除に対峙するなかで見出される救済としての「純愛」＝「ピュア」ではなく、現実と向き合うことから自らを閉ざしたところにある「純愛」＝「ピュア」である。サクとアキのナルシスティックな鏡に映しだされるのは、現実から切り離された世界の魅力であり、そこで排除されているのは現実の世界である。

不幸への願望

ところで、同じように恋愛と病気をセットにしていながら、『世界の中心で愛をさけぶ』のロマンティックな虚構性とは対称的に、「不幸」をよりリアルに描いた物語も、一方ではケータイ小説などを中心に数多く流通している。『ディープ・ラブ』『赤い糸』などがその典型的な作品である。これらの小説では、病気、薬物、自殺、リストカットなどの「不幸」が次々と襲ってくるが、紆余曲折の末に最終的には「真の愛」をみつけるという展開になっていることが多い。

しかし、これらの小説のなかに描かれる社会の暗部や不幸は、現実そのものではなく「創られた現実」である。次々と起こる不幸な事件や問題は、現実の社会問題とつながっているわけではなく、すべて内面の問題に解消される。現実のなかでの困難や乗り越えるべき壁の不在あるいは曖昧さが、「不幸」への願望を呼び寄せている面もあるだろう。そのなかで描かれているのは、生々しさという点ではリアルだが、多くの読者にとって現実の世界ではありえないような非日常的なリアルさである。いわば、現実とは切り離された「純愛」のピュアな虚構世界とは反対側の、もうひとつのハイパーリアルな虚構世界としての現実である。「純愛」＝「ピュア」志向や「不幸」願望には、現実における社会的な困難や排除ははじめから存在していない。むしろ、現実における「幸福」と「不幸」の曖昧さや不透明さが、虚構世界における「不幸」や「ピュア」への願望を生み出していると思えるのである。

その意味では、『世界の中心で愛をさけぶ』が「ピュアという鏡」が失われた後のナルシスティックな虚構の世界を描いたものだとすれば、これらのストーリーは、そこから排除されていた「不幸」

を虚構という形で結晶化させたものとみることもできるだろう。

アイロニカルなピュア

『世界の中心で愛をさけぶ』のような「純愛」ものも『ディープ・ラブ』のような「不幸」ものも、現実とは切り離された虚構世界に内面のドラマを求めているという点では、根は同じである。「純愛」も「不幸」も、自らが生きている現実と照らし合わせリフレクトする回路をもつわけではなく、閉じられた内面世界におけるドラマとして消費される。ピュアへの憧れも「不幸」への願望も、物語を消費することによって、「幸福」も「不幸」も明確に存在しない現実を受容することを追認させていくものになっているということもできるかもしれない。

これらの小説や物語が出版され評判を得るようになったのは、2000年代になってからである。現実を変革しようという楽観的な理想主義も、それへの幻滅やニヒリスティックな現実主義も、どちらも実感を伴わなくなりつつあった時代である。そこでは、現実に照準したピュアさはすでにリアリティを失っている。『世界の中心で愛をさけぶ』の魅力は、現実から切り離されたピュアな世界の心地よさにあったように思える。理想主義的なピュアがもはや消費の対象でしかないことを示唆しているという意味では、「アイロニカルなピュア」と呼ぶことができるだろう。

5　鏡を失った時代

本章では、いくつかの小説や映画を素材に、「ピュアという鏡」が映し出す戦後日本の自画像について考察してきた。1950〜1960年代に、『愛と死をみつめて』の「純愛」に代表されるようなピュアが人気を得たのは、社会のなかに「理想主義的ピュア」が鏡として存在していたことを示している。その「理想主義的ピュア」という鏡に映しだされたのは、現実の不幸を乗り越えて理想を実現しようとする前向きでストイックなピュアさである。しかしこの時期においては、「理想主義的なピュア」が前面化していたために、それへの疑念や偽善性への視点はあまり意識されないまま、むしろ現実の社会的排除が隠蔽される側面ももっていた。

『ノルウェイの森』になると、「ピュア＝理想という鏡」に映し出されるのは、その歪んだ自画像である。小説のなかでは、直子という鏡を通して、理想主義がその向かうべき方向を失いながら、なおそれに向かおうとする姿勢だけを保持するなかで自滅していくことが映しだされている。その一方で、現実をゲームとして参照するリフレクション・ゲームがハイパーな現実主義を生み出しつつあることも示唆されている。「ピュア＝理想という鏡」に映しだされたのは、その歪んだ自画像とその喪失である。

『世界の中心で愛をさけぶ』では、『愛と死をみつめて』とも『ノルウェイの森』ともそれぞれ重なるところがありながら、その中心は大きく変容している。「純愛」の一途さや全体のモチーフは『愛と死をみつめて』とよく似ているが、そこから理想主義的な志向やストイックなまじめさは消えている。「純愛」を心地よい虚構の物語として消費することに重点が移っているのである。

また『ノルウェイの森』とも構成を含めて重なるところが少なくないが、そこでは「理想主義的ピュア」が失われていくことへの喪失感よりも、虚構の世界のピュアへの飛翔感のほうが優っている。『世界の中心で愛をさけぶ』のピュアは、『愛と死をみつめて』や『ノルウェィの森』のような「理想主義的ピュア」を表面的にはなぞりながら、一方でその真摯さを相対化する「アイロニカルなピュア」である。そこには、現実を映し出す鏡は存在しなくなっているのである。

図1　現実を映し出す鏡

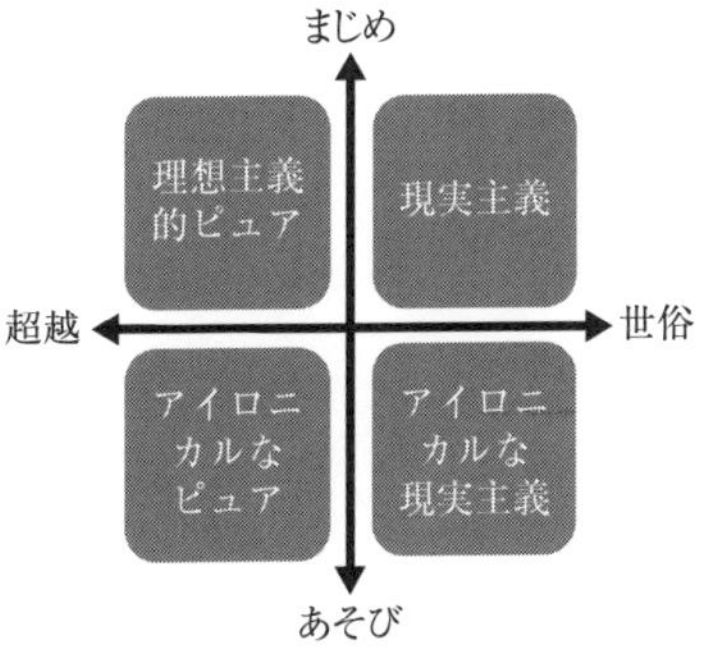

これまで述べてきたことを簡単に図式化したのが図1（「現実を映し出す鏡」）である。ここでは、価値志向としての超越vs.世俗を横軸に、それに対する態度としてのまじめvs.あそびを縦軸においてまとめている。超越志向でまじめが「理想主義的ピュア」、世俗志向でまじめが「現実主義」、超越志向であそび的なのが「アイロニカルなピュア」、世俗志向であそび的なのが「アイロニカルな現実主義」である。

まず、超越的な価値志向とそれへのまじめな態度を特徴とするのが「理想主義的ピュア」である。理想を掲げて、その実現のためにまじめに努力するようなメンタリティであり、本章で取り上げた『愛と死をみつめて』がこれに対応する。それと対置されるのが「現実主義」である。現実適応的な「現実主義」は、そこから排除される社会的、経済的問題への自省と自制に欠けることが多い。「理想主義的ピュア」が鏡として映し出すのは、そうした現実の不幸を自省的にみつめ、その克服によって理想を実現しようとする態度への憧れである。『愛と死をみつめて』への支持は、このような「理想主義的ピュア」が社会を映し出す鏡としての意味をもっていたことを示している。

「理想主義的ピュア」からまじめさを消去し、あそびへと反転させたのが「アイロニカルなピュア」である。『世界の中心で愛をさけぶ』がそれに対応する。「理想＝ピュアという鏡」が現実のなかで排除／隠蔽されたものを映し出すものであるのに対して、「アイロニカルなピュア」は、虚構の世界のなかで自らの理想的な姿を映し出す。そこでは、ピュア＝理想が虚構として消費されるのと同時に、現実のなかの不幸や社会的排除も脱色され虚構化されていく。「アイロニカルなピュア」には「現実主義」の影は存在しておらず、自らを映し出すだけの「ナルシスティックな鏡」になっているのである。

「理想主義的ピュア」と「現実主義」をいずれも相対化する位置にあるのが、「アイロニカルな現実主義」である。『ノルウェイの森』に登場する永沢はこのタイプに近いだろう。永沢の現実主義は、自省なくただ適応する「現実主義」とは異なる。常にリフレクトしつつ自らを有利なポジションに導いていくリフレクション・ゲームとしての現実主義である。もはや現実適応を超えたハイパー現実主義ということもできるだろう。それは、リフレクションをもたない「現実主義」をアイロニカルに相対化する視点を内蔵している。

また、「アイロニカルな現実主義」は、「理想主義的ピュア」とは志向においても態度においても対極に位置している。世俗的な価値とゲーム感覚を合わせた「アイロニカルな現実主義」は、真摯に理想を追い求める「理想主義的ピュア」を二重に相対化するものでもある。「理想主義的ピュア」が鏡としての位置を喪失するのにともなって、リフレクション・ゲームを楽しむ「アイロニカルな現実主義」が現実を制する力をもつようになるのは、不思議ではないだろう。

戦後日本の社会においては、現実を相対化する鏡としての「理想主義的ピュア」が徐々にその力を喪失し、「アイロニカルなピュア」と「アイロニカルな現実主義」が顕在化するようになってきたと思われるのである。

新しい鏡を求めて

社会のあらゆる領域で制度の後退と個人化が進み、社会が液状化しつつあるといわれる現代においては、社会を形のあるものとして映し出すこと自体が難しい。幸福と不幸、社会的な排除と包摂の境界も曖昧化してみえる。このような状況においては、長期的な目標や理想を掲げるよりも、むしろ短期的なスパンでその時どきの状況に適応し続けていくことが行動規範として広がっていく。それにともなって、他者との関係もいっそう短期化とツール化の度合いを高めていく。そのなかで顕在化していくのは、自己の利益だけに関心をもつ自己中心的なメンタリティと、常にリフレクションと調整を繰り返す自省過剰なメンタリティである。

自己中心化とは、それが他者であれ理想であれ、自己を参照し規制する鏡をもつことを必要としなくなることを意味する。そこでは、他者の存在は後景に退き、自らの欲求や欲望にしたがって選択し行動することが最優先される。そのことを隠したり弁解することも必要としない。それは、社会のなかにホンネ主義が広がっていくのと対応している。先の図式に戻してみると、自己中心化は、リフレクションをもたない「アイロニカルなピュア」の延長上にあるメンタリティだといえるだろう。

それとは逆に、社会の液状化は常に現状をリフレクトすることによって、自己利益を最大限にしていくような、リフレクション過剰ももたらす。そこでは、短期的な目標や関係に合わせて自己と他者の関係をリフレクトし調整しながら、自らの利益を確保していくことが優先される。このようなリフレクション・ゲームのなかで生み出されるのは、偽悪的な社会観と「アイロニカルな現実主義」の人間類型である。

自己中心化はリフレクションをもたない（最小化）方向であり、「アイロニカルな現実主義」はリフレクションの過剰である。しかし、いずれも自己利益を優先するメンタリティである点では共通である。

「理想＝ピュアという鏡」の後退は、かつての理想に内在していた偽善やタテマエの側面を顕在化させることになった。たしかに、抽象的な社会批判や「上から目線」の理想主義が説得力をもつ時代ではなくなった。その意味では「ピュアという鏡」は終焉したといえるだろう。しかし偽善とタテマエを嫌う一方で、社会を偽悪とホンネだけでとらえようとする見かたの広がりは、ますます自己中心化とリフレクション過剰を煽っていく。そのなかでは、身近な他者への受容性や優しさが、「覇気のなさ」や「偽善的なくささ」として排除されることも少なくない。包摂のなかの排除がさまざまな形で顕在化するのも、このような状況と無関係ではないだろう。自己と社会を振り返る鏡としてのピュアという価値を、改めて見直すことが必要なのではないだろうか。

【注】

＊1　他の作品が実際の夫婦や恋人の間で交わされた日記や書簡であったなかで、佐伯浩子の『わが愛を星に祈りて』だけは片思いの気持ちを綴った作品である。しかし、相手への想いだけに支えられた純愛という意味ではまさに「純愛日記」といえるだろう。

＊2　『愛と死をみつめて』を出版した大和書房の社長（大和岩男）は、出版社を立ち上げる前に『葦』『人生手帖』の編集者であった。

＊3　見田宗介は、この時期を「理想の時代」と呼んでいる。見田によれば、１９６０年代を頂点とする「理想の時代」から、それへの懐疑が顕在化する「夢の時代」を経て、１９８０年代には現実に着地しない「虚構の時代」へと反転していくと述べている。

＊4　『愛と死をみつめて』には、二人が6日間一緒に過ごしたときに性的な関係をもたなかったことについて書かれた手紙が収録されている。そのなかで、河野さんが「純潔証明書」を書いてほしいと大島さんに要請している。純潔というものが恋愛において重要なテーマであったことがうかがえる。

＊5　この作品に登場する人物のなかでは、「僕」と寮で同室になった「突撃隊」と呼ばれている学生が近いだろう。国立大学で地理学を専攻する彼は、規則正しい生活態度や極端な清潔好きといったことから、周囲の学生に「突撃隊」と渾名を付けられている。

＊6　浅野（2001）は、井上（1995）の文化の三つの機能（適応、超越、自省）に対応する人間類型として、それぞれ「スノビズム」「ピューリタニズム」「ダンディズム」を挙げている。「スノビズム」は他者への準拠ゲーム、「ピューリタニズム」は神への準拠ゲーム、「ダンディズム」は虚無への準拠ゲームである。これにあてはめてみると、僕＝「スノビズム」、直子＝「ピューリタニズム」、永沢＝「ダンディズム」といえるかもしれない。

【文献】

浅野智彦（1995）「近代的自我の系譜学1 ――ピューリタニズム・スノビズム・ダンディズム」井上俊・見田宗介編『岩波講座　現代社会学〈2〉 自我・主体・アイデンティティ』岩波書店

東浩紀（2001）『動物化するポストモダン――オタクから見た日本社会』講談社現代新書

バウマン、Z．森田典正訳（2001）『リキッド・モダニティ――液状化する社会』大月書店

――高橋良輔他訳（2009）『幸福論――〝生きづらい〟時代の社会学』作品社

フェリーニ、F．（2002）『道（La Strada）』DVD

藤井淑禎（1994）『純愛の精神誌――昭和三十年代の青春を読む』新潮選書

ギデンス、A．松尾精文他訳（1995）『親密性の変容――近代社会におけるセクシュアリティ、愛情、エロティシズム』而立書房

池上三重子（1965）『妻の日の愛のかたみに』産経新聞出版局

井上俊他編『岩波講座　現代社会学2　自我・主体・アイデンティティ』岩波書店

片山恭一（2001）『世界の中心で愛をさけぶ』小学館

河野実・大島みち子（1963＝2006）『愛と死をみつめて』大和書房＝だいわ文庫

メルリーノ、P．山口俊洋訳（2010）『世界の傑物4　フェリーニ』祥伝社

見田宗介（1978）『ベストセラー物語（中）』朝日ジャーナル出版社

――（1995）『現代日本の感覚と思想』講談社学術文庫

村上春樹（2004＝1987）『ノルウェイの森（上）・（下）』講談社文庫

大島みち子（1964＝2006）『若きいのちの日記』大和書房＝だいわ文庫

佐伯浩子（1965）『わが愛を星に祈りて』大和書房

田宮虎彦・田宮千代（1957）『愛のかたみ』光文社

「愛と死をみつめて――売れ方・読まれ方」（1964）『日本読書新聞』9月28日

「映画〝道〟の愛情」（1957）『サンデー毎日』7月7日号
「世界の中心で愛をさけぶ」感想集　http://www.alived.com/ai/imp.html
「特集　フェリーニの世界」（1994）『ユリイカ』vol.26-9、青土社

第5章 「柔らかく、そしてタフな」言葉や論理の創造へ

――差別的な日常を私が反芻し反省できるために

好井裕明

はじめに――ある差別事件をめぐる新聞記事から

この論考を書こうとしているとき、ある大きな差別事件が新聞紙上やマスメディアをにぎわした。ホームスタジアムのゴールネット裏の観客席、そこは熱狂的なサポーターにとっての「聖地」であるらしいが、サッカーJリーグ浦和レッズの一部のサポーターが、その観客席の入り口に手書きで「JAPANESE ONLY」と書かれた横断幕を掲げたのだ。横断幕が掲げられていたことは、クラブ職員の巡回で何度も確認されていたにもかかわらず、試合終了後まで、撤去されなかったという。この出来事をめぐり、ゆゆしき差別を放置したクラブに対する制裁として、Jリーグ初の無観客試合処分が出された。日本のプロスポーツの世界で、差別的行為に対して、これほど決然とした措置がとられたのは初めてではないだろうか。

無観客試合処分によって、クラブ側は、多大な経済的損失を被った。経済的なものだけではない。Jリーグサッカーを愛する多くの人々の信頼も失っただろう。だからこそ、クラブ側は、処分を受けておしまい、ではなく、差別を許さない組織や体制づくりやさまざまなアクションを起こして、差別事件を経験したからこそ、このように変革しつつあるということを具体的に示そうとしているのだ。

差別をすれば、大損をする。経済的な次元だけでなく、人間が何か他者とともにつくりあげていこうとする営みにさまざまな亀裂を入れてしまう。だからこそ、差別を許さない揺るぎない意志や日常的な営みが必要となる。このことをおそらくクラブ側は実感し、変革しようとしているのだろう。それが実際に効果を出すかどうかはともかく、Jリーグサッカーにとって、結果的にいい方向へ動いているのではないだろうか。

ただ、この事件をめぐる新聞記事を読みながら、いろいろなことを感じてしまう。たとえば、この事件に対して、被差別当事者たちの解放運動団体が、大きなアクションを起こさなかったことが、私にとって、少なからず驚きであった。一九六〇年代から八〇年代、多様な被差別当事者の解放運動や権利擁護運動が精力的に進められていた頃であれば、世間が注目するような差別事件に対して、運動体はすぐに何らかのアクションを起こしていただろう。日本人の人種差別だと報道は指摘しているにもかかわらず、世界でのさまざまな人権擁護運動との連帯を主張する解放運動団体が何か行動を起こしたという記事もなかった。また今回の事件の核心にある在日朝鮮人や韓国、中国の人々に対する嫌悪に対しても、当該の団体からの抗議も明確になかったのではないだろうか。いや、各団体からクラブ側へ抗議があったかもしれない。しかし新聞報道からは、そのことを私たちは読みとることはできなかったのだ。もしこの事件が、当事者の異議申し立て運動が盛んに行われ、差別なき社会の変革をさまざまに訴えている頃に起こっていたとすれば、この事件の経過はどのようになっただろうかと思う。

もちろん、解放運動が華やかなりし頃はよかったなどと回顧しているのでもないし、その状況がベストだなどと言っているのではない。そうではなく、新聞記事の語り方など見ながら、確実にいま、差別をどのように捉え、考えるのかについての変動が起こっていると感じ、そのことについて、何とも言えないあやうさや、気持ち悪さを感じるのだ。

たとえば、この事件の報道が落ちついた後で、他の事象と関連させて朝日新聞が「排除の理由」という特集を組んでいるのだが、その第一回がこの事件を扱っている(朝日新聞、二〇一四年四月二八日朝刊)。「JAPANESE　ONLY」。「お断り」ここにも。店に張り紙、傷つく外国人。「差別　面倒だから放置」。「剝がされなかった横断幕」。「今の日本社会の縮図かも」。特集記事の見出しを並べてみた。この記事が読者に何を言いたいのかは、よくわかる。サッカースタジアムにだけ外国人排除のメッセージが出されているのではない。もっと以前からこうした外国人排除や差別と向き合い、裁判闘争をした研究者がいたことを記事は伝える。またかつては同種の張り紙をしていたが、人々の注意を聞き入れ、張り紙を外し、かわりに店のルールを英訳し掲示することで、日本人も外国人も利用できているパーの存在を伝える。要するに、現代日本には、外国人排除が厳然と存在するし、同時にそれを乗り越えている現実もあるというわけだ。そして記事は、試合中に横断幕に気づきクラブに外すようもとめたサポーターの発言で締められる。「明らかな差別なのに気づかない。あるいは面倒だから放置する。あの時のスタジアムは、今の日本社会の縮図なのかもしれない」と。

明らかな差別を面倒だからと言って放置するのは、よくないし、放置すべきではない。こうしたメッセージにつながる余韻を残そうとしていることは了解できる。しかし、私はこの記事の主張や余韻より、記事自体がもっと重要な部分への言及を見事に回避していることのほうが気になったのだ。なぜ「明らかな差別」なのに、横断幕を掲げた人々がいたのか。彼らは何を考え、そして、差別事件として厳しい処分がなされた今、自分たちの行為をどう考えているのか。こうした問いに繋がり得る取材をしながら、その問いへは踏み込もうとしていないのだ。

韓国や中国を嫌悪するつぶやきから、ネット上の記録を通して、横断幕を掲げたサポーターグループの一人を取材する。横断幕を掲げたのかと記者が声をかける。

「「自分じゃないですよ」。記者をにらみつけた。「メンバーでしたけど」。少しずつ口を開き始めた。スネークには、高校時代から参加していること。会社員や公務員、大学生などがいる二〇人程度のグループであること。スタジアムで知り合った人が大半で、結束が強かったこと――。中国や韓国での試合にも駆けつけた。相手サポーターからブーイングが飛ぶこともあった。次第に、中韓が嫌いになった。「向こうの応援は「反日」をがんがんやってくる。行けばわかりますよ」。口調が強くなった。ゴール裏は自分たちの「聖地」だ。「外国人を退けようとする空気は、ほかのメンバーにもあった」。

韓国や中国での試合で相手サポーターからブーイングを受け、「反日」をがんがんと受けるなかで、韓国と中国を嫌悪していったのだと。向こうでの試合にあなたも行けば、わかりますよ。きっと私たちと同じように彼らを嫌いになりますよ。強い口調にはそうした意味が込められているのだろう。韓国や中国のサポーターが自分たち日本人を嫌悪し排除するのだから、自分たちも同じように排除してどこが悪いのだろうか。そんな意味合いも記事の文面からは漏れ落ちてくるのだ。言い方を変えれば、横断幕という行為の背後には、反韓国、反中国意識があり、それは「反日」をがんがんと受けてきた人々の意識の中で起こったものであり、そこに「排除の理由」があったのだということを記事はサポーターの語り口や態度を示して、伝えようとしているのだ。

はたして差別という問題をただその事実関係を報道するのではなく、わざわざ調査報道としての特集を組み、ある現実や意味を読者に伝えようとする新聞記事がこのような排除の行為の応酬といった浅薄な次元でまとめられていいのだろうか。もしこのような次元で取材をまとめ、差別について何か意味あることを記事にし、伝えているると取材した人々が本気で考えているのだとすれば、私は、そうした取材姿勢に非常な中途半端さを感じるし、まさに「面倒だから放置」していこうとする多くの私たちの日常的な意識に寄り添うものとしての気持ち悪さを感じてしまうのだ。

確かに、韓国や中国にいけば、日本人嫌悪という営みと出会うだろう。しかしそうした営みがなぜ起こるのか、さまざまな理由があるし、その理由こそ「排除の理由」として考えるべき問題ではないだろうか。また、仮に「反日」をがんがんやられて、韓国や中国を嫌いになったとしても、なぜその感情が横断幕掲示という行為を「正当化」し得ると語れるのだろうか。外国で体験したうんざりとした行為を、チームをサポートするためになぜ改めて自分たちがする必要があるのだろうか。またチームをサポートするために、なぜ「外国人を避けようとする空気」、より具体的に言えば「韓国や中国の人々を避ける」必要があるのだろうか。またまさに彼らが外国で経験したようにスタジアムの応援の中で「反韓、反中」を叫ばないで、ピッチからは見えないところに、しかも外国人サポーターなどまずこないような「聖地」の入り口に排除宣言を掲げたのだろうか。もちろんそこにはチームメンバーを応援する在日サポーターが「聖地」に〝侵入する〟可能性が十分に考えられるのだが。もしそうした在日サポーターへの排除まで、この横断幕が意味しているとすれば、なぜ、そのような可能性までも考え、取材をしなかったのだろうか、等々。

横断幕を掲示するという行為は、それを行った人々の意識の発露と言えるだろう。しかし差別を考えようとすれば、その人々の意識や経験によりそい、差別的行為を生み出してしまうような契機や原因を深く考えていく必要があるだろう。もちろん特集記事のための取材という営みだけで、そうした深みへ至ることは難しいだろう。しかし、この深みを考えない限り、差別を本当に考えることにはならないというメッセージや余韻は、記事として十分残すことができるはずだ。今回の処分では、サポーターグループが解散させられたという。差別を許さないアクションはこれからいろいろと実践されていくだろう。それはそれとして意義あることだが、なかば強制的にグループを解散させられたサポーターの思いや意識まで解体されることなく、まだそこに韓国や中国への嫌悪が息づいているとすれば、無観客試合という処分の意味も、どれほど有効だったと言えるのだろうか。おそらく、横断幕を掲げた人々の意識に変容はきたしていることはないだろう。なぜなら先にあげた記事でサポーターの一人が語る「強い口調」がそのことを端的にあらわしているからだ。

排除や差別を声高に否定し、そうした行為を正面から批判するメッセージが公に拡がっている現在。かつてであれば考えられないようなヘイトスピーチが、週末の街角を汚している現在。また、そうしたあからさまな差別行為に眉をひそめながら、排除や差別を固く狭く捉え、自分たちの日常で回避し得ないトピックとならないように、巧みにそこから回避できてしまうような〝濁った、淀んだ〟なにかが私たちの日常に息づいている現在。こうした差別的日常の現在を生きる私たちは、いま、何をどのように考えればいいのだろうか。以下、少しずつ語っていきたい。

1　他者への想像力の劣化と〝スマホの下の平等〟幻想？

では、なぜ先で読み解いたような平板で浅薄な調査報道言説がいま私たちの日常で、さも〝意味あるもの〟のように息づいているのだろうか。そのことを考えようとすれば、現代社会論をその根底から洗い直す必要があるだろう。ただ私にはそのような力量はないし、ここでは、いま私たちが考えるべき社会や文化の変容について述べておきたい。

いま、私たちの日常は、差別を考えるうえで大きな変容をきたしつつある。それを考える鍵となる概念は「個人化」と「フラット化」ではないだろうか。

「個人化」とは、かつての政治改革が失敗し、社会民主的なものの考え方が衰え、ただ国家という枠組みにのみ依拠した「自由」や「平和」を主張する保守的で新自由主義的な空気が世の中に蔓延するなかで、個人を超えた制度や文化を変革しようとする意志や意味が衰退し、差別事象も含め多様な社会問題に由来する〟生きづらさ〟を、すべて個人に還元して了解しようとする日常を覆う、気持ち悪い力のことである。

いま、私たちが暮している世の中の特徴とは何だろうか。それも現代的な差別のありようとの関連で、どのような特徴があるのだろうか。たとえば犯罪学者のジョック・ヤングは、二〇世紀後半から二一世紀にかけての社会の変容を「包摂型社会」から「排除型社会」へという移行として論じ、「排除型社会」としての現代を鋭く批判している（Young 1999＝2007）。

かつては、私が育ってきた社会も異質な存在を許容しなんらかのかたちで包摂していたことは実感できる。子どもの頃、大阪市の北部にある市営住宅で暮らしていたのだが、日中、通りを、これということもなく歩いていたおじさんがいた。おそらく彼はなんらかの知的障害があったのだろう。私たちは、へんなおじさんとして過剰に意識することなく、放課後、友達と公園で遊んでいた。また同じ住宅に顔にあばたがあった兄弟がいたことを覚えている。おそらくは何かの病気で治癒した後に残ったものだろう。彼らもまた、私たちとともに遊んでいたのだ。もちろん、異質な存在をどのようなかたちで包摂していたのか、それを検討することなく、子どもの頃の状況のほうが今より好ましいと簡単に断定することなどできない。ヤングもただ、従来の包摂型社会が望ましいとして懐かしみ回帰せよと主張しているのではない。それはそれで包摂の仕方がどのようなものであるのかがさらに批判的に論じられる必要がある。

そうではなく、ヤングの主張の核心は、現代にはたらく「他者の本質化」という力である。現代は、さまざまな異質さをもつ他者を「本質化」し、さらに「悪魔化」したうえで、排除していく社会へと移行してきたのだ。

普段、私たちが、ある存在を異質であり例外であるとし、自分たちとは違うのだと見下し遠ざけようとして差別し排除するとき、その〝根拠〟や〝理由〟をどこに求めるのだろうか。もちろん、具体的にある人間存在を差別し排除するときは、差別する私はその存在をなんとしてでも排除したいという欲望があるがゆえにそうするのであって、根拠に用いる知識が多くの人々が承認し得る事実であろうと、まさに根拠のないねつ造された知識であろうと、基本的に差別したいという欲望にとってどちらでもよく、ほとんど影響はないだろう。ただ佐藤裕が説明しているように、私たちは、ただ自分一人単独で、ある人々を差別することはまずない。私たちは、他者からの批判や非難をできるだけ回避するために、差別を実践する私の背後に常に、「われわれ」を設定しているのである（佐藤　2005: 49-137）。私は、自分一人だけの思いから差別しているのではない。私の行為や意識、価値観を承認し共有し得る、私の同じような「われわれ」が存在しているからこそ、私は差別するのだと。そして「われわれ」をより自然な形で自らも納得させるためにも、私たちは、差別する〝根拠〟や〝理由〟をより一般的で他者が納得しやすそうなものへ求めようとするのである。

私があの人々を差別するのは、別に私の勝手な思いからではない。あなたも十分理解できるような〝根拠〟があるからこそ、私も差別せざるを得ないのだ。このような推論を働かせる過程で、私たちは、自らの内から湧き上がってくる他者を差別し排除する欲望を、たとえば、差別を受ける側に問題があるからだとすり替えてしまうのである。

そして、このすり替えには、階級、階層など社会的な装置が用いられたり、相手が暮らしている生活場面や文化に固有の特徴などが、当該の個的な存在を超えたところで機能し、世間に息づいている多様なカテゴリー化が駆使されたのである。

つまり、ある存在を自分の生活世界から切り離したり、自らの世界へ過剰に侵入されることのないよう慎重に排除するとき、そこには当該の存在を超えたところでそれ自体を〝決めつけてしまう〟力が働いていたのである。

たとえば、あいつはとてもいいやつだ、でも在日だからね、普段のつきあいならいいけど、結婚などで、自分の身内になるなんてことは考えられないね、と。「あいつ」という存在を個人として評価したうえで、「在日」というカテゴリー化を通して「あいつ」を〝決めつけ〟排除していくわけである。そして、この「在日」というカテゴリー化は、私とほぼ同じ意味を生きていると想定している大多数の「私たち」にとっても、「あいつ」という存在を超えたところで、「あいつ」を〝決めつけていく〝うえで十分な意味を満たしている〝根拠〟として了解されるだろうと、私は思いこんでいるのである。

しかし、ヤングのいう他者の「本質化」「悪魔化」とは、排除する原因や理由、当該の他者が行った犯罪や逸脱行動の原因や理由を、すべて他者という存在それ自体に求め、排除していくのである。たとえば、常識では理解不能の犯罪や逸脱行動をした若者がいる。なぜそのような行為を彼／彼女はしたのか。普通、犯罪や逸脱行動の理由や原因を彼／彼女が生きてきた歴史や家族などの生活環境を手掛かりとして考えていくだろう。

しかし、現代において、私たちは、こんな異常で特異な行動をしたのは、他でもないまさに彼／彼女が異常で特異であるからだと、すべてその理由を当該の存在それ自体へ求め、その存在を「悪魔化」し、例外、異例として処理していくと、ヤングは主張するのである。

もちろん、ヤングの立論は犯罪や逸脱行動の当事者を支配的な文化を生きる私たちがどのように解釈し、排除していくのかをめぐるものであり、直接、差別現象とは関わりがないかもしれない。しかし、他者を「本質化」し「悪魔化」するという力がはたらく現代社会においては、私たちが自分と他者を繋いでいくうえで必須の営みであるカテゴリー化が脆弱となり、その結果として自らが普段もってしまっている差別する可能性が、私たちの日常的な視界から消え去ってしまうことが問題だと、私は考えている。

また「フラット化」とは、最先端の情報機器が私たちの日常を席巻し、私たちの意識や身体のありようまで微細に管理された結果、私たちの多様なリアルやバーチャルに多くの孔があき、いわばそこから多様な意味が流出し、「いま、ここ」で私たちが、圧倒的な意味の奔流に翻弄され、溺れかけようとしている日常の特徴のことである。

たとえば、鈴木謙介は「ウェブ社会」の特徴を論じる著書のなかで、「現実空間の多孔化」という現代社会の日常的な特徴を論じている（鈴木 2013）。鈴木は「現実の空間に付随する意味の空間に無数の穴が開き、他の場所から意味＝情報が流入したり、逆に情報が流出したりする」ことを「空間的現実の多孔化」と呼び、「多孔化した現実空間においては、同じ空間に存在している人どうしが互いに別の意味へと接続されるため物理的空間の特権性が失われる」ことを「空間的現実の非特権化」と呼んでいる（鈴木、同上：137）。

たとえば通勤電車の乗客の姿を例に考えてみよう。電車を待って並んでいる乗客を見ると、その八割近くがスマホを見つめ、なにやら画面を操作しているのだ。他の乗客の様子を見たりする人はまずいない。私はこうした人々の姿を興味深く眺めているのだが、それは例外中の例外だろう。もし私のこうした姿を誰かが気づけば、朝の電車待ちの光景にそぐわない〝不審なおじさん〟とも見えるかもしれない。それほど、スマホを一心に見つめる人々の姿は〝常態化〟しているのだ。

電車が到着する。彼らは一瞬スマホから目を離し、電車から降りる客の隙間をぬって、車内にすべりこんでいく。彼らは車内に入り、混んだ状況の中で、自らの場所を決めた瞬間、再びスマホを見つめ始めるのだ。混んだ車内で自分のすぐ隣にどんな人間が立っているのかなどほとんど気にすることなく、身体を密着し、あるいは絶妙に距離をとりながら、スマホを見つめ続けるのである。

物理的な身体、客観的な状況を考えれば、彼らは駅で電車を待っているのだ。しかしスマホを使いこなすことで〝電車を待つ〟という現実に多くの孔があき、そこから別の多様な現実が流れ込み、彼らはその情報をもとに、自分が今生きている現実の意味を書き換えてしまうのだ。友人にメールをし、来ているメールを確認する。ＬＩＮＥを使って仲間との情報を交換する。好きなテーマでツイートする。お気に入りのソーシャルゲームを再開する。各種のサイトで最新の情報を確認する、等々。彼らは意味を書き換えた瞬間、その世界で生きているのだ。ただ彼らの身体という全体的なアンテナがどこかで働いており、「電車が到着します」のアナウンスとともに、乗客という現実に瞬時に立ち戻り、急いで車内に乗り込んでいく。車内で自分の場所決めが済んだ瞬間、彼らはスマホを見つめ、新たな現実の情報を入手し、到着する駅までの時間、スマホから提供される多様な情報で、自らの現在の意味を忙しく書き換えながら、彼らは満員電車の車内で「生きている」のである。通勤のために電車を待ち、満員電車に揺られていくという物理的で身体的なリアリティは、〝通勤するという行為〟を実践している私たちにとって、いまや最も意味が満ちた至上の現実ではなく、スマホを介して得た情報で私たちが多様に生きているウェブ上のリアリティと等価なのである。

そして、「多孔化した日常」を私たちが生きざるを得ないとして、そこにはある幻想が立ち上がってくるように私は思えるのだ。かつては人によってさまざまに違った営みや努力を必要とした他者とのコミュニケーションや多様な情報入手の営みが、いわばスマホの画面を同じように操作することで、誰でもが達成できるという「フラット化した」平等幻想とでもいえるものだ。

スマホを同じように操作し、情報を得たり、他者とコミュニケーションすることができるという一点においてのみ、すべての人が均質で、独立した個人であり、あたかもスマホの画面を同じように指を滑らせることで、みんなが平等であるという、あやうく、気持ち悪い幻想が、私たちの日常に息づいているのである。

他者を「個人化」し「悪魔化」することで、差別や排除を〝正当化〟する根拠を個人に求め、私たちが多様な他者をカテゴリー化するという営みの意味や意義、そこに孕まれたさまざまな問題性を、それ自体として反芻し反省する重要な契機や機会を確実に奪っていく「排除型社会」としての現代社会がある。

同時に、スマホの画面を通して、個々の情報とそれらが由来するさまざまなリアリティとの実存的な繋がりなどをほとんど想像する〝余裕〟もなく、圧倒的な情報と出会い、また多様な差異をもっている他者がいかに考え思い生きているのかをじっくりと想像する〝時間や距離〟も確保されることなく、思いついた短い言葉を「つぶやき」あい、できあいの記号に内閉され管理された情緒のなかで、他者と交信できたと思いこまされてしまう〝スマホの下の平等〟幻想が、私たちをやんわりと、しかし執拗に呪縛している日常がある。

こうした日常を生きているなかで、私たちは、確実に他者という存在がもつ、私たちの身体や精神の核心に訴えてくるような〝他者性〟への驚きや、〝他者性〟への敬意が確実に奪われ、他者への想像力がゆゆしく劣化し、萎えてしまうだろう。これは、差別という問題を日常生活次元で考えるためには、ゆゆしき事態と言えるのだ。

では、今一度、私が多様な差異が息づいた〝他者性〟と新鮮に向き合え、差別という出来事を、自らが生きるうえで、より生産的に理解できるようになるためには、どうすればいいのだろうか。

2 「差別する可能性」から差別を考え直すことについて

私は、以前、差別や排除を考えるという営みを、私たちの日常にいかに取り戻せるのかという発想と問題関心から『差別原論』という新書を書いたことがある（好井 2007）。

差別問題を考えるとき、これだけは外してはならない基本的な見方がある。それが差別―被差別という二分法的見方だ。被差別部落出身、在日朝鮮人、女性、性的マイノリティ、障害者等々、多様な立場を生きる人々が、その立場性を生きるという次元において、支配的な社会や文化がある意味、恣意的に作り上げている歪められた知や感情という〝決めつけ〟や〝思いこみ〟をもとにして、市民として生活する諸資源や諸条件を奪われ、また「ひと」として生きる権利や「ひと」として他者と共に生きる尊厳が侵害され、傷つけられるのだ。こうした立場性、つまり、人々がどこに立って、どこから他者を認識し、他者と関係をつなごうとしているのかという見方は、差別問題を考えるとき、無視できないものだ。これは先に述べたように現代社会が変容していようと、変わることのないものの見方であると言える。

そしてこの見方から言える、今一つの差別問題を考えるべき基本がある。たとえば、ゲイスタディーズという男性同性愛者の闘争的な学問的知的実践が宣言された書に書かれている「私たちはゲイである。でもあなたたちが考えるようなゲイではない」という言葉がその内容を象徴しているのだ。

確かに差別をめぐる具体的な行為は、個人を誹謗中傷し、攻撃する手段であり営みであるが、それはターゲットとなった個人の資質などに還元され、収斂してしまうようなものではない。差別は常に個人の実存を超えた「あなたたち」への攻撃なのだ。

同性愛という現実を生きる「わたし」がここにいるとして、この「わたし」を差別する「あなたたち」は、「あなたたち」が勝手に考えつくりあげた〝同性愛者とはこのような存在にちがいない〟という知をもとにして「わたし」を〝決めつけ〟ようとする。「わたし」という存在それ自体を見ようとしないで、こうした知が作動するとき、それは、「わたし」個人への攻撃だけでなく、「わたし」の背後に想定された「わたしたち」をもすべて攻撃していることになるのだ。同性愛という現実を考えるとき、そこには「わたし」がいるだけでない。「わたし」とはさまざまな違いをもちながらも、同性愛を生きるという立場性を選択した他の複数の「わたし」が存在しているのだ。そして、同性愛を生きるという選択が、「わたし」にとって、他に換え難いほど意味あることであり、「わたし」という実存の核心をつくりあげる重要な生の証であるとき、この証の価値や意味、そして意義などを他の「わたし」とともに、大切に守っていく営みは、同性愛者としての「わたし」を意味づける基本なのである。つまり「わたし」は、他の「わたし」とともに、「わたしたち」として生きていくことになるのだ。だからこそ、この証を否定し、恣意的な決めつけの知で脅かそうとする差別という営みは、「わたし」への攻撃であるとともに、それ以上に「わたしたち」への攻撃であると言えるのだ。

先に述べたように、「個人化」した現代社会においても、差別は常に個人の実存を超えた「あなたたち」への攻撃であるという事実は、何度でも確認すべき基本なのである。

ただ、差別―被差別という二分法的思考が、私たちの日常や常識的思考のなかで、柔軟にしなやかに機能しているのであれば、問題はないだろう。だが現実はそうではないのだ。

かつて被差別当事者の解放運動が盛んに行われていたとき、世の中で生起するさまざまな差別事象が「事件」として提起され、「事件」がもつ事実に含まれる差別性が厳しく批判され、変革を求められていた。また同時に学校や社会教育の場で、人権教育がさまざまに実践されていたのだ。そこでは、差別の不当さ、非合理さ、醜さが確認され、「それは、してはならない」ことというメッセージが何度も確認されていく。他方で、被差別の歴史を学ぶなかで、差別を受けることの苛烈さや非情さが伝えられ、「自分が、差別を受ける立場でなくてよかった」という意識が醸成されていくのだ。その結果、支配的社会や文化を生きる多くの私たちは、差別は「してはならないこと」ぐらい、言われなくてもわかっているし、「自分は差別などするはずがない」と思い、被差別の立場にない自分の位置を確認したうえで、差別問題とは「ひどい差別を受ける立場にあるあの人たちの問題だ」と了解していくのである。そして、差別―被差別という二分法的見方が、硬直した形で、こうした了解を私たちの常識的思考のなかで支えてしまうのだ。

差別は確かにいけないことだ。それくらいわかる。だからこそ私は差別などするはずがない。でも現実にさまざまな差別が世の中に起こっているのだが、それは平気で差別をするような〝特別な人たち〟と差別を受ける立場にある〝私とは異なる人々〟との間で起こっている現実で、「差別などするはずがない」私には、関係ない問題なのだ。こうした常識的な了解図式を、差別―被差別の二分法的見方が支えてしまうのである。

大学で差別の社会学を講義しているが、中高での人権教育の記憶を学生に尋ねると、多くは「差別はしてはいけません」という規範の確認だけで、ほとんどそれ以外に記憶はないと答えるのだ。そして授業の感想には、差別はいけないし、許さない、自分も差別はしないといったような感想を書けば、教師は満足していたので、こうした感想の書き方だけが上手になっていったと語る学生もいる。

もちろん、懸命に人権教育に取り組んでいた教師のことを語り、強く印象に残っていたことを語る学生もいるが、やはりそれは例外的なのだ。

なぜ、差別問題を考える基本が、なぜ柔軟に機能せずに、硬直化してしまうのか。この問いは、解放運動や人権教育、社会教育のありようをきちんと反省し、よりよく洗練した生産的な営みへと変えていくうえでの重要な解き口なのであるが、同時に、私たちの日常と差別問題とのつながりを考え直す手がかりでもある。

私は、『差別原論』では、この手がかりとして、「わたし」のなかにある「差別する可能性」とどう普段からつきあえるのか、ということについて語ったのだ。

私たちは、誰でも「差別する可能性」を生きている。私は、被差別の生活文化の聞き取りなど、差別問題の社会学調査研究をしながら、常に気になっていたことがあったのだ。社会啓発や人権啓発での常識的なメッセージとして、「足を踏まれた人の痛みは、踏んだ人にはわからない」というものがある。つまり、被差別の痛みや何が差別であるのかは、被差別当事者からの声や指摘があって、初めて差別した者がその差別性に気がつくというものだ。物理的で環境的な格差は、誰の目にも明らかで、客観的なものと言えるが、ハラスメントなどの差別は、いわば主観的でわかりづらいものだ。だからこそ、差別は、それが差別であり、痛みを受けたという当事者の訴えがあるからこそ、差別として現象するわけだ。差別を考える時、この構図もまた基本だろう。ただ、私の中では、なぜ被差別当事者からの声や指摘があるまで、自らのうちにある「差別する可能性」に気づかないのだろうか、ということが気になっていたのだ。というより、自分の中にある差別性をなぜ、人から指摘されないまでわからないのか、またわかろうとすることの意味や意義を私が了解できていないのだろうかと。そう考えながら、被差別当事者が普段生きている現実なども含め、考え、また彼らとやりとりするなかで、先にあげた単純な事実を、見つめ直す必要性を感じたのだ。

人は誰でも、差別する可能性をもっている。この単純な事実は、先の二分法的見方と抵触することはない。部落解放をめざし、さまざまに個性的で効果的な実践を進めている男性が、家に戻れば、伝統的な男性意識に生き、パートナーを日常的に抑圧していることもあろう。在日の運動を実践している当事者が、同性愛という現実に対して、世の中で息づいている〝決めつけ〟の知や情緒をそのまま自らに取り込み、同性愛者を偏ったまなざしで見ていることもあるだろう。要するに、自らが生きている被差別の立場性を自覚し、そこから当該の差別に向き合い生きている当事者であるとしても、他の差別事象に関しては、世の中にある偏見や誤解、歪められた知識をそのまま吸収し生きている限り、誰でも、差別してしまう可能性があるのだ。

よくこうした中身を、自治体の人権問題研修の場で語るが、聞いている多くの人々にとっては、新鮮に思えるようだ。もちろん、誰でも差別する可能性があるということは、少し考えればわかることなのだが、先に述べたような硬直した見方や、自分とは関係ない問題だとして差別を了解したいという意志が私たちを呪縛している時、この事実は、なかなか了解しがたいと言えるのではないだろうか。

被差別の当事者である「あのひと」たちは、差別のことを考え生きているがゆえに、差別するはずがない。このように、もし考えているとすれば、それはまさに差別は「あのひと」たちの世界で起きていることであり、私には関係がないという意識の裏返しなのである。

ただ、人は誰でも差別する可能性をもっているとして、ではいったいどのように私は「差別する可能性」と向き合えばいいのだろうか。差別はしてならないという硬直した規範から考えれば、してはならないものをしてしまうわけであり、私がその意味で終始批判され、否定されてしまうのではないだろうか。ただこれでは、差別問題を考えることを、今一度日常に根づかせることはできないだろう。もちろん、差別をめぐる通俗的で常識的な規範や倫理、道徳的なものは否定する必要はない。そうではなく、差別をしてしまう可能性があるという現実や私の存在を、いかにして日常他者と共に生きていくうえで、意味あるものとして見直すことができるのかという発想の転換が必要だろう。

自分が意識することなく、どこかで誰かを差別してしまう可能性。それは否定すべき私の一部とみなすのではなく、それも私の中で、肯定しづらい一部なのだと認めざるを得ないだろう。とすれば、その可能性から、私たちはどのような新たな生きる意味を取り出すことができるのだろうか。「差別する可能性」。それは私が「いま、ここ」で気づくことができるものであり、それは次の「いま、ここ」をよりよく他者とともにいきるための〝手がかり〟として認め、それを私はすぐに捨て去るのではなく、見つめ直し、そこに淀んでいる何かを反省するための、優れて意味のある〝手がかり〟、つまり「生きる手がかり」として活用すべきなのである。

「個人化」や「フラット化」した平等幻想が息づいている現代においても、差別問題をめぐる、こうした認識の転換は、可能だろう。いやむしろ、こうした現代を生きざるを得ないからこそ、この認識の転換は必要だと私は考えている。

そして、こうした認識のうえにたって、いま、差別を考えるうえで何を今一度考え直し、何を新たに創造する必要があるのか。さらに語っていきたいと思う。

3　差別を考えることとは――「他者理解の主体づくり」へ

差別―被差別の二分法的見方ではなく、「差別する可能性」から、差別を考えようとするとき、その考え方にどのような変化が生じるのだろうか。それは、端的に言って、「反差別の主体づくり」から「他者理解の主体づくり」と言えるものだろう。

私たちが差別を考える時、まずめざすものは、反差別の主体をどう作るかであり、差別をしない、許さない身体や意識づくりであろう。私が学校で受けてきた人権教育、解放教育もこうした目的をめざしていたのだ。もちろん、この目的に異論を唱えるつもりはない。ただ、自らがもってしまっている「差別する可能性」を考え、日常生活のなかで、自分という存在や暮らしと切り離すことなく、差別を考えようとするとき、いきなり、この目的を設定することは、なにかその前に必要な営みを一気に飛ばしてしまっていることにならないだろうか。誤解を恐れずに言えば、自らの日常から切り離すことなく、普段から差別を考える営みは、ただ「差別をしない身体や心づくり」をめざすものではない。この目的は変える必要はないし、「反差別の主体づくり」は間違いではない。ただ、こうした「主体づくり」より前に必須の営みがあり、差別的な日常を生きるうえで、それを私たちがどう考え、どう実践するのかが、とても重要ではないかと考えるのだ。そして、その実践とは、「他者・他在、他の人々が生きている現実を理解する」という営みなのである。

私たちが、多様な差異をもつ他者と出会うときに、他者とまっすぐに向き合おうとはなかなかできないのである。さまざまな雑事に追われ、忙しく生きている私たちにとって、確かに、この営みに時間をかける〝余裕〟はないかもしれない。しかし、他方で、この営みがもつ本質的な意義を私たちは了解しているがゆえに、それが普段から満足にできていない自分の姿に対して、どこかで、なんらかの苛立ちや満ち足りていない気持ちを抱いているのである。こうした私たち自身に向けた批判的で創造的な実践とは、まさに「他者を理解しようとすること」であり、「そう簡単に他者は理解しがたい」ということである。差別を考えることとは、まさに「他者を理解しようとすること、ただそう簡単には他者は理解しがたい」ということを今一度考え直す営みなのである。

他者を理解するとはどのような営みなのか。さまざまな差異をもった他者を私が理解するということとはどのような営みなのだろうか。自分には想像を超えたところで生きてきた人々の歴史があり、日常的な次元でのさまざまな差別や排除が、そうした歴史と繋がっているとして、差別を受けてきた人々や彼らが生きてきた現実、そして差別と向き合い、対抗する彼らの思いや言葉、実践を私はどのように理解できるのだろうか。

人権教育や社会啓発の場面で、差別をしないようにしましょうといったさまざまなスローガンが提唱されてきているのだが、それらをそのとおりだと私たちが承認するとき、いったい、私たちは、何を承認していることになるのだろうか。

かつて差別問題を考えるスローガンとして「わかることはかわること」という言葉があった。このメッセージは、他者理解という営みがもつ本質を言い当てており、私たちが「差別する可能性」という見方から、自らの日常を反省するうえで、基本のメッセージと言える。ただ、現代において、このメッセージが、差別問題という文脈で語られないようになってきている印象を私は、受けるのだ。

「わかる」とは、いったいどのような営みなのだろうか。私たちが、相手のことを「わかる」というとき、「わかる」という営みは、ただの事実の表明なのだろうか。もちろん、単に事実を表明するだけのこともあるだろう。しかし、「わかる」という営みには、相手との相互了解への志向あるいは試行とでもいったベクトルが常に働いているように思えるのだ。相手のことが「わかった」というとき、私は、相手の何を、相手のどこを、どのように「わかった」のかを、相手に表示し、自分が相手の「ここ」が「わかった」ということを、相手に了解してもらわねば、相手を「わかった」という営みは、完結しないのではないだろうか。つまり、「わかる」という営みは、相手と私のあいだで相互反映的（reflexive）な特徴をもつのである。「わかる」とは、一方向的な営みではなく、なかば必然的に相手に対してと、自分に対してのベクトルが同時に働きだすことでもあるのだ。

また「わかる」という営みは、相手をめぐり、さらに「わからない」ことが、新たに「わかる」ことでもあるのだ。

「私はあなたのことがすべてわかる」という言葉が、よくドラマなどで語られる。しかし、私はこの言葉が不思議でたまらない。「すべてわかる」ということなどあり得ないからこそ、この言葉には、相手に対する自分の熱い思いが込められていると私たちは感じるのだろうか。いずれにせよ、不可思議な言葉なのだ。

相手に向き合い、相手のある部分が「わかった」とする。それは私にとって驚きであり、相手がどのような意味世界を生きているのかに少しは近づいたと思えるかもしれない。しかし、近づけたと思えば思うほど、それまで見えなかった相手の未知の部分、未知の世界があることを感じとることができるようになるのではないだろうか。もちろん、相手を「わかりたい」という意志が萎えてしまえば、その時点で、相手がもっているであろう未知の世界への志向は萎えてしまうかもしれない。しかしいずれにせよ、相手を「わかろう」とする営みには、「わからない」あるいは「簡単にはわかりがたい」部分や世界が相手にあることに気づくことが含まれているのだ。さらに言えば、「わかろう」という営みは、いわば相手が生きていることに在る核心やなぜ相手がこのようにして生きているのか、あるいはこのように生きたいのかをめぐる本質部分が「わからない」ことの確認でもある。

つまり、相手を「わかる」ことの、最大の意味は、「わからない」ことへの気づきであり、言いかえれば、自分とは異なる差異をもつ他者に内在する〝奥深い他者性〟への気づきなのである。

「差別する可能性」がある自分を考えようとするとき、私は、相手を「わかろう」とする営みを実践し、そこから何を確認し、何に向き合えばいいのだろうか。それは端的に言えば、私たちはさまざまな差異をもって生きている他者を、簡単には「わかり得ない」ということであり、同時に相手と自分との間に横たわっている距離というかお互いの理解を確認するためにさまざまに乗り越えたり、回避したりする必要のある〝壁〟の存在を確認し、その壁を乗り越えることの意味をも確認することなのである。もっと言えば、〝壁〟を乗り越えるさまざまな営みを私が実践するときの、喜びや苦しみ、痛みなどの情緒を私が他者とともに生きていくうえで、必要な情緒として、いかに享受し得るのかということである。

では、今、異質な他者理解をめぐって、どのような状況なのだろうか。ある例から考えてみたい。ヘイトスピーチが新聞紙上で盛んに報道されている。ある記事を読んでみる。そこには、ある集団が「朝鮮人出て行け！」と連呼し、他方で「レイシスト（人種差別主義者）！　お前たちこそ出ていけ！」と別の集団からの怒号が飛び交う。そして多くの人々が、眉をひそめて、彼らの様子を遠巻きにしてみていると書かれていた。

この記事が語っている構図。そこからは、自らの日常から切り離すことなく差別を考えるという営みを、見事に私から切り離していく力の行使を感じ取ることができる。記事は、朝鮮人差別をめぐる粗暴で硬直した言葉の応酬を伝えている。反差別を訴える言葉もまた、排除を叫ぶ暴力的な声と同じ次元で対抗しており、その意味で同じように粗暴で硬直した叫びなのだ。

こうした暴力的な叫びの応酬に対して、どう思うだろうか。多くの私たちは、おそらくはついていけないし、ついていこうともしないだろう。粗暴で硬直した言葉で、きつい調子で差別や反差別を叫び合う人々だけで、やっていればいいことだと。在日に対する差別や排除はよくないことはわかっているし、記事は例外的な事象を伝えているだけで、私の日常生活世界とは関係ないことだと、記事が伝える現実を結果的に自らの生活世界から切り離すことに終わってしまうとすると、こうした報道はいったいどのような意味があるのだろうか、と思う。事実は確かに伝わるが、日常の中で差別を考えることへの私たちの意志は、確実に衰え、萎えてしまうのではないだろうか。

ヘイトスピーチという営みが、いかに時代に即応しておらず、いかにくだらないもので、いかに意味のない営みであるのかを、ただ正面切って、同じ次元で相手を非難し応酬するのではなく、からかい、無視し、意味のないものへと変えていくものの見方や言葉を、私たちがつくりだす必要があるのではないだろうか。記事をよみながら、そう思う。しかし、そうしたヘイトスピーチという差別的な営みを、まさに私たちの日常で〝意味なきもの〟にしていく柔軟で、かつタフで多彩な実践はどのようにすれば可能になるのだろうか。またそうした実践を私たちが、考えるうえで、かつてに比べ、今、何が衰え、何が不足しているのだろうか。

端的に言えば、在日朝鮮人や朝鮮人という他者を他者として「わかろう」とするために必要な〝手がかり〟が衰えてしまっているのである。

たとえば、最近、大学の学部演習で『パッチギ！』（井筒和幸監督、二〇〇四年）という映画について報告した学生がいた。一九六八年の京都が舞台であり、在日の若者の日常を、当時、朝鮮半島の政治的状況への配慮から発禁処分となっていた「イムジン河」という名曲や流行ったフォークソングに乗せて描かれる青春映画の傑作だが、映画には、当時、在日朝鮮人の状況や政治的動きなどが「学べる」ようなシーンが組み込まれていたのだ。ただ学生の報告や感想などを聞き、ある意味、私は愕然とせざるを得なかった。

彼らは、これまで受けてきた中高の教育や育ってきた環境のなかで、在日朝鮮人をめぐる歴史的事実や彼らの問題など一度も聞いたことがないというのだ。もしこれが事実であるとすれば、『パッチギ！』にちりばめられた在日が語る被差別の思いやその思いの深さや厳しさに思いたることができなかった日本人主人公の悔しさや悲しさの場面などを、学生たちは理解できないだろうと思う。私が彼らと同じような学生であった頃は、確かに不十分であったかもしれないが、意識ある学校教員たちが、授業の中で、また日常生活の他の場面で、在日をめぐる知が語られ、他者としての在日をどう「わかろう」とすべきかが伝えられていたのだ。私たちは、こうした日常のなかで、在日を「わかろう」とし、また、どのように〝壁〟を認識すればいいかを模索し、生きていたのだ。

今は、こうした知が確実に教育の場、社会啓発の場から消え去ってしまっているように思う。たとえば在日朝鮮人を排斥しようとする動きに対して、在日とはどのような存在で、どのような歴史的な流れの中で、いま日本に住んでいるのかなどの基本的な知識の確認は、かつて当事者たちの異議申し立て運動が盛んに行われていた頃に比べ、確実に弱くなっているのではないだろうか。

ヘイトスピーチがもつ明らかな差別性を批判するとして、あるいは差別性を自分なりに理解するとして、たとえば在日朝鮮人の歴史や現実、異議申し立て運動、彼らが醸成してきた独自の文化の意義など、基本的な知をもたずして、どのように批判し、理解できるのだろうか。

こうした基本的な知が確実に欠如し、こうした知を私たちに提供し、差別と日常を考える人権教育や社会啓発という実践が弱体化している現在、先に述べたような、粗暴で、硬直した差別的な言葉や営みをからかったり、いなしたりして、その意味を無効化していけるような、柔軟で、タフで、したたかで、センスに満ちた差別を考える理屈や言葉の創造は、難しいのではないだろうか。
しかし、こうした言葉や論理こそ、「他者理解の主体づくり」として、差別を考える営みには、必須の要件なのである。

4 差別的日常を批判的に捉え得る「しなやかで、タフな」日常的文化の創造へ

今は、被差別当事者の解放運動や異議申し立ての活動が弱くなっており、またかつてのような制度的で強い運動が組織される可能性が少ないだろう。また社会啓発、市民啓発など行政的な立場から差別問題への取り組み、さらには学校現場での人権教育が萎えてしまっている現在、どのようにすれば、差別を考えることを日常のものとすることができるのだろうか。私は、「差別事象を考える文化の創造」であり、「差別的な日常を私たちが批判的に捉え得る、しなやかで、タフな日常的文化の創造」が必須だと考えている。

それは、差別―被差別の立場性を揺るがせることなく、同時に、この二分法的な見方が硬直し、ただ「差別はしてはいけない」という表層的な倫理や規範だけを確認させるような力として、私たちの思考や感情を拘束することなく、常に「差別する可能性」という点から、私たちが他者に向き合い、他者理解をめざそうとする柔軟な力を生み出す文化と言えよう。またそれは、他者がもっている多様な差異や、私には理解し得ないような他者の実存に息づいている〝他者性〟を気づかせてくれる力であり、差異や〝他者性〟を完全に理解し得なくとも、それらを尊重し、私と他者が常に交信し続ける

ことを通して、他者と共に在る私の日常が、豊穣なるものへと絶えず変貌していくことをどこかで予感させる力でもあるだろう。

またそれは、そうたやすく支配的文化となり得ないし、支配的文化と融合され得るものではない。だからこそ、新たな支配的文化としての意味や意義を絶えず考えながら、既存の支配的文化がもってしまっているさまざまな位相や次元で息づいている差別なるもの、すなわち、他者理解を阻み、他者理解をより平板で硬直した脆いものにしてしまう常識的な知を批判し、私たちがより楽に生きることができるために、それらを変革することの意味を私たちに気づかせてくれるような力でもある。

またそれは、文化や芸術、芸能などの領域で、いかに被差別の立場にある人々が、重要な部分を担ってきたのかを私たちが明確に認識できるような情報を提供できるものであり、現在もなお、そうした事実が維持されており、いわば大衆文化や芸能の世界も含めて、被差別の歴史や現実を抜きにして、ほとんど成立しないであろうこともまた認識できるような力でもあるだろう。

こう書きながら、ある娯楽映画に込められた明確な主張を思いだす。『パッチギ！ Love & Peace』（井筒和幸監督、二〇〇七年）という作品だ。前節で論じた作品の続編なのだが、在日朝鮮人の主人公たちや友人が、海辺で食事をし、楽しく語り合っているシーンがある。そこで主人公の女性が芸能界で働きたいとみんなに告げる。「芸能界は在日だらけだ」「紅白歌合戦も自分たち在日がいなかったら、やれたもんじゃない」というセリフが画面に登場する。「もし力道山が朝鮮人だと初めからわかっていたら、日本人はあんなに応援しただろうか」「野球でも張本さんは自分のことを明かしてがんばっているし、えらい。もっと他の在日もそうすればいいのに」と、日本人や日本の文化が、在日の活躍や貢献なしでは成立しないのに、日本人はそれをわかっていないし、認めようとしないことを雑談として、笑いながら語りあうシーンを映画ははっきりと見る側に提示するのだ。

テレビ時代劇の撮影で、主人公が端役を演じているシーンも興味深い。彼女が休憩になり、弁当をどこで食べようかと見まわしていると、そのドラマのレギュラー女優が「一緒に食べよう」と彼女に声をかける。並んで座り、弁当を食べる二人。脂っこい弁当のおかずに「肌のことを全然かんがえてくれてないよね」と笑いながら、雑談をしている。そのなかで、女優は普通った場所の記憶を語り、主人公の女性に知っているかと問いかけるのだ。「あなたも在日だよね」。この問いかけは在日であればわかっているような場所の記憶の確認であり、いわばあなたもそうだけど、実は自分も在日だよということを暗に示しているのだ。実際、その後女優は彼女に「あなたも在日だよね」と語りかけ、自分もそうだと告げるのである。芸能界で在日として仕事をし、生きていくことについても話そうとする女優の姿を映画は撮影の合間のワンシーンとして淡々と提示していくのだ。

もちろん、芸能界で活躍している多くの人々が、すべて自らの出自を明らかにする必要はない。しかし、映画は、出自を明らかにし活躍している人もいるなかで、もっと多くの在日や、さらに言えば、被差別部落出身の人が大衆文化の現場を確実に担っていること、彼らによって、生き生きとした文化の現在が維持されていることを明快に主張しているのである。

また、最近韓流ドラマが盛んに日本で放送されている。特に歴史物は、波乱万丈なストーリーが多く、主人公があらゆる謀略を乗り越え、何度も復活し、最終的に成功する物語であり、私も楽しく、見ているのだ。そしてそのドラマには必ずといっていいほど、当時差別し排除されていた身分出身の主人公が登場する。いわば、被差別の立場にある人間の成功物語なのである。こうしたドラマは、日本ではまずつくられることはない。

もちろん、韓流ドラマを、差別的日常を批判的に捉え得るすばらしい文化だと私は素朴に評価するつもりはない。なぜなら、そのストーリーでは、艱難辛苦を乗り越え、成功していくのは、あくまで主人公の女性であり男性という個人であり、主人公が被る苦難の源となっている被差別性それ自体に、なんの変化もないし、被差別の立場にある人々の暮らしや存在そのものが変革されるというストーリーはまったく見られないからだ。普通に考えれば、想像できないような苦労や努力は、被差別の立場に生まれたがゆえのものであり、そこから脱出できた個人の成功物語なのである。また、成功に至る目標は、常に当時の朝鮮王朝の王であり、王の権力性はドラマで決して揺るぐことはない。そして、王にできるだけ近づき、王の信頼を獲得することこそが、至高の成功だとされているのだ。いわば、世界に上下があるとして、最も下にいた者が、上へと限りなく上昇する物語なのである。

ただ、そうした限界はあるとしても、その限界性を考えながら、ドラマを見ることは、普段から差別や排除を考えるうえで、興味深いものだろう。

これに対して、日本では、なぜこうした大衆文化が育たないのだろうか。たとえば毎年NHKの大河ドラマには、誰が主人公となるのかが、秋に常に話題になっている。ただこのドラマは常に歴史上の偉人、特に男性権力者や有名な男性の歴史しかとりあげてこないのである。いや女性も最近とりあげていると言われそうだが、それはそれとして認めるとしても、あくまで、毎年男性ばかりとりあげても視聴者から飽きられるからという程度にすぎないだろう。もし歴史上の偉人をとりあげ、その人物像は人物が生きてきた歴史などを印象深く脚色し、私たちに感動を与え、結果として日本の歴史を見直し、理解させようとする意図があるとすれば、なぜ支配的権力者の歴史ばかりをとりあげるのだろうか。

部落差別という問題や歴史的な現実は、日本という国や、日本に生きてきた私たちに固有の問題である。そして最近の民衆史研究、文化史研究から明らかなように、日本の伝統文化には部落問題が深く関わっているのである。とすれば、なぜ大河ドラマに、被差別の現実を生きてきた文化的な偉人をとりあげようとしないのだろうか。たとえば、水平社運動をつくりあげてきた中心人物である松本治一郎という偉人の生涯をとりあげないのだろうか。松本治一郎の若き半生を描いた映画は、かつて東映で制作されている。『夜明けの旗　松本治一郎伝』（山下耕作監督、一九七六年）だ。そこでは若き主人公が受けた軍隊時代の差別への抵抗や水平社運動へ向かう被差別当事者のエネルギーの発露が描かれ、また部落差別の苛烈さや差別をしてしまった人の醜さやそれをあらためようとする人間の姿も印象深く描かれている。しかし決して道徳臭が思いっきり漂うような啓発映画ではなく、当時東映で人気の任侠映画のトーンで差別をめぐる人々の姿がスピード感あふれ、いきいきと描かれていくのだ。私は、この作品をかつてビデオで見たのだが、なぜか今、この作品はＤＶＤ化されていない。今見ても、部落差別や差別のことを真摯に考えることができる意義ある作品だと考えるのだが、なぜ今私たちの日常から消え去ってしまっているのだろうか。残念だと思う。

また部落問題には住井すゑの『橋のない川』という大河小説がある。これまで今井正監督と東陽一監督で二度映画化されているが、この大河小説をもとにして、なぜ部落問題を正面に据えた連続ドラマが制作されないのだろうか。

差別問題や差別をめぐる現実をテーマとした芸術作品は、もちろんこれまでにも、そして現在も制作されていることは確かだ。しかし、端的に言えばマスメディアの世界で、差別問題をどう扱えばいいのかの議論や対応が、いまだに硬直し、浅薄であり、十分に掘り下げられているとは言い難いだろう。

性同一性障害を生きる人物に焦点をあてたドキュメンタリーにしても、その人物の日常をかなり丁寧に描いているはずが、最後には、常識的な被差別者への同情や差別に対する遺憾の意の表明で終わっているものが多い。せっかく具体的な現実に迫ろうとしているのに、なぜ最後まで、ドキュメンタリーを制作した人々は、できあいの決まり文句やフレーズで語らず、制作過程で自らが感じとった何かをもとにした〝差別をめぐる自分の言葉〟で視聴する側へ、何かを訴えようとしないのだろうか。

他にもいろいろと残念な例を考えることができるのだが、かつてに比べ、反差別の道徳や倫理といった、いわば差別をしない〝正しい〟人間や現実を創造すべきという硬直した力、しかしそれを順守しないとさまざまなサンクションが想定される力が、いま確実に萎えてしまっているがゆえに、逆に、大衆文化や日常生活の次元で、差別をめぐり、より柔軟で、したたかな論理や情緒を創造し得る可能性が増大しつつあると私は考えるのだ。そして、私たちが、日常生活の場で、そうした可能性を実現するうえで、過剰な自己規制のない差別をめぐる報道や、単に真摯なドキュメンタリーやトーク番組だけでなく、差別問題を考えることができる、より多様で多彩な〝楽しく、おもしろい〟作品が必須なのではないだろうか。こうしたゆるやかな、しかし確かな変革があって初めて、「差別事象を考える文化の創造」であり、「差別的な日常を私たちが批判的に捉え得る、しなやかで、タフな日常的文化の創造」へ至ることができるのである。

おわりに――「差別を考える日常的文化」の創造から反差別の自分づくりへ

まとめを書こうとしていた頃、マスメディア、特にスポーツの領域では、〝バナナの輪〟で盛り上がっていた。サッカーの試合中に、黒人選手がコーナーからプレイを始めようとしていたとき、彼の目の前にバナナが投げ入れられた。バナナは「猿」を意味し、黒人を侮蔑し、差別する象徴的なモノなのだ。彼は、投げ入れられたバナナを平然と拾い、皮をむいて、一口ほうばり、すぐにプレイを続けたのだ。露骨な差別行為に対して、ユーモアで軽やかに切り返したと、メディアは絶賛し、サッカーの世界を中心として、人種差別に反対し、差別を許さないという意志の象徴として、著名な選手たちがバナナを手にする姿をネットで流し、〝バナナの輪〟が広がっていったのだ。

差別的な営みに対して、それをまともに扱わず、いかにくだらなく意味のない行為かを周囲に示すことは、差別に抵抗し、それを私たちの日常生活世界や常識的な知から浮き上がらせてしまううえで、きわめて意味のある処方と言える。私も『差別原論』では、差別に対抗するうえで必須な「ジョークのセンスを磨こう」と主張し、TAMAYO『コメディ+LOVE――TAMAYO的差別の乗り越え方』（解放出版社、一九九四年）を紹介し、彼女の実践の意義を伝えたのだ。著者は単身アメリカに渡り、成功を求めて、苦労し、さまざまな体験をする。その後、スタンダップ・コメディアン（一人で舞台に立ち、観客を爆笑させる芸人のこと）として活躍できるようになる。アメリカで、彼女は、女性として、日本人として、さまざまな差別や抑圧を体験するのだが、それらはすべて笑いをとる源でもあり、自らが受けた差別をきわどいジョークを交えて切り返し、観客がもっているであろう〝他者を差別する愉しみやひそかな喜び〟をくすぐりながら、それがいかにくだらないことであるのかを同時に示し、差別するという営みを丸ごと笑い飛ばしてしまうのである。

バナナを一口ほうばって、平然とプレイを続行するという行為もまた、見事なユーモアによる切り返しと言えるだろう。

ただ、このできごとをめぐる報道や新聞でのコラムを読み、残念な点をいくつか感じてしまうのだ。せっかく差別をユーモアで笑い飛ばし、いかに差別がくだらないかが例証されているできごとなのに、もう少し、その意味をじっくりと考えることがなぜ日本のマスメディアにおいて、できないのだろうかと思ってしまうのだ。

黒人選手がとった行為と語った言葉に感動し、共鳴し、他のサッカー選手や監督などが、ホームページでバナナを食べる映像を見せて、差別の愚かさを訴えることは、納得できる。また異なるスポーツの世界へ感動や共鳴が拡がり、〝バナナの輪〟が大きくなっていくことは意義深いものと言えるだろう。しかし、同時にメディアが報道していた市長や政治家が同じようにバナナを食べて見せた。メディアはスポーツ選手と同じ次元の扱いで、政治家の〝バナナの輪〟を評価していたと思うが、私はとても滑稽に見えたのだ。なぜだろうか。それは自らが生き、そこで責任ある仕事をする場所も世界も異なるにもかかわらず、ただ注目を浴びるからという思いが透けて見えるような映像だったからだ。黒人選手がバナナを食うことがなぜ絶賛されたのだろうか。それは彼にとって生活の場であり、仕事の場である、サッカーのピッチ上で起こった差別に対して、仕事の場で即座にユーモアでもって差別を〝無効化〟したからであり、まさに黒人選手の実存や生活世界のなかでの洗練された差別に対抗する営みだったからだ。だからこそ、同じ世界を生きるサッカー選手や監督も、自らの生活という次元から遊離することなく、その行為の意味を反省することができるし、結果としての〝バナナの輪〟ができあがることになったと言える。

しかし、政治家は、スポーツとは別の世界に生き、仕事をしているはずだ。もしバナナを食うという行為に政治家が感動し共鳴するならば、同じ行為をただ真似てみせるのではなく、この行為からほとばしる〝差別に抵抗するしたたかさや柔軟さ〟を確認し、政治的日常のなかで、同じような意味をもつ行為がどのように可能なのかを考え、それをジョークに絡めて、人々に示すべきではないだろうか。もちろん、同じ行為をすることを無意味だと否定しているのではない。黒人選手の行為が、本当に腹の底からわかっているのであれば、政治的世界での〝バナナを食う〟行為とは何で、〝バナナの輪〟を自分たちであれば、どのように拡げていけるのかを考えるべきなのである。そして、そうした議論を展開しているマスメディアや評論家がほとんどいなかったことに、残念なのである。

もう一点。他のサッカー選手たちもバナナを手にし、バナナを食う姿をネットに上げたことに対して、新聞のコラムでは「僕たちはみんな同じ猿だ」という機転の利いたメッセージだとして評価しているのだ。さっと読み飛ばせば、別に何も問題を感じないかもしれない。しかし、このような内容のコラムに確実に違和感を抱いている人も多いだろう。私もその一人なのだ。先ほどから何度も書いているように、バナナを食うという行為は、黒人選手の日常における、まさに「いま、ここ」での反差別、差別に対抗し、差別を瞬時に〝意味なきもの〟にする見事な切り返しなのだ。その意味を感じ取り、感動し、共鳴したからこそ、他の選手もバナナを手にし、食う姿をネットにあげたのだ。それはまさにバナナを投げつけられた黒人選手とは人種も民族も立場も異なる自分という存在から考えても、差別はいかにくだらなく、意味のない行為であるのかが了解できるし、そうした行為は私も許さないし、また同じような行為が起こるとしても、バナナを食うように、私は差別にユーモアでもって対抗するということの表明なのである。とすれば、多くの選手のこうした実践は「僕たちはみんな同じ猿だ」ということを示し、みんな同じように差別される可能性をもっているよという事を示す〝機転〟という次元で了解しておしまいというものでは決してないと言える。そうではなく、「僕たちはみんな違う猿で、猿は決して差別を許さないし、差別を笑い飛ばすのだ」という、お互いの〝他者性〟を承認したうえで、各自の差異や立場性を超え、差別を笑い飛ばす快感を全世界に示そうとした〝機転〟なのではないだろうか。

たとえば、コラムでの評価が象徴している表層的で、浅薄な反差別をめぐる出来事の理解が、私たちの日常で〝優れた理解〟として通用しているかぎり、またそのような次元で評価をとどめ、それ以上、差別をめぐるできごとを考え、私たちに語りだそうとしない力がメディアに働いている限り、そうした情報に日頃から触れている多くの私たちにとって、差別を考えるということは、どこか〝よそごと〟で〝他人事〟であり続けるだろう。

差別的なできごとや、それに対抗するさまざまな営みは、私たちの日常に数多く存在しているし、今後も、新たに生起していくだろう。ただそれらが内包する意味や意義をもっと深く詳細に読み解き、それを私たちに日常に普段から、そして不断に提示していける「差別を考えることができる日常的文化」を創造する意義を、今一度、マスメディアや学校教育、社会教育に携わる人々は、本気で考え直す必要があるのではないか。

差別をただ「いけないこと」「してはならないこと」として道徳や倫理の次元で、否定形で語られる、硬直した差別イメージではなく、差別が「ひととひととの繋がり」や「社会と社会との繋がり」にとって、いかに貧しい営みであり、差別を考えることが結果として、そのつながりを私が腹の底から考え直すことができるような、「柔軟で、したたかな」差別を考える日常的文化の創造を本気で考えるべき時代を私たちは今、生きているのではないだろうか。

【文献】

佐藤裕（2005）『差別論――偏見理論批判』明石書店

鈴木謙介（2013）『ウェブ社会のゆくえ――〈多孔化〉した現実のなかで』NHK出版

好井裕明（2007）『差別原論――〈わたし〉のなかの権力とつきあう』平凡社

Young, Jock（1999）*The Exclusive Society : Social Exclusion, Crime and Difference in Late Modernity.* Sage.（青木秀男・伊藤泰郎・岸政彦・村澤真保呂訳（2007）『排除型社会』洛北出版）

おわりに

ようやく第1巻を刊行できた。当初の予定では数年前に出せているはずで、かなり時間がたってしまったこと、率直にもうしわけないと思う。遅れた言い訳はいろいろとできるだろう。編者の多くが勤務する大学の学部長や副学長など大学全体の運営に関わる管理職に携わり、その結果研究や執筆の時間が圧倒的にそぎ落とされてしまうなか、時間だけが過ぎていったのである。ただ、こうした激務の合間をぬって、各編者が第1巻のために力作を書いていただいたことは、ありがたいと思う。

差別と排除の「いま」を問う、このシリーズを構想し始めたのは、二〇〇九年頃だった。私自身、これまで差別問題をめぐり調査研究をささやかながらでも続けてきたのだが、そこで、ある思いがわきあがっていた。

現代の差別や排除を考えることができるこれまでとは異なる社会学の論集ができないだろうかと。社会学という学問研究の世界において、もっと多くの優れた個性ある研究者が差別や排除を考えていくことができれば、もっと生産的で魅力ある成果が出せるのではないだろうかと。

もちろん、従来の差別問題の社会学がつまらなくだめで生産的ではないということを言いたいのではない。優れた研究成果は蓄積されてきているし、被差別当事者の異議申し立てや解放運動などとの濃密な連携を通してこそ生み出される貴重な質的研究も多く出されてきている。こうした成果を十分に認めたうえで、私は、差別問題研究への関わり方というか、社会学研究者がどのようにこの問題へ関心を持ち、具体的な現実へ方向づけられ、実際に調査したりする、その仕方の「狭さ」が気になっていた。

この「狭さ」はどこから来るのだろうか。一つは、従来の差別研究は、まさに特定のカテゴリーを生きることで被差別の立場にたつ、そしてその立場性を自覚したうえで、自らにふりかかるさまざまな差別や排除と闘って、差別のない社会を構想する当事者の運動や生活文化に照準をあててきたことだろう。研究者は、そうした運動で培われる社会的文化的そして人間的な〝新たな何か〟に重要な価値を置きながら、運動する人びとの姿や歴史を克明に調べ、差別する支配的社会や文化のありようを批判的に読み解き、人権問題をめぐる市民意識調査や被差別地域の生活実態調査などを行い、当事者たちがより効果的に運動を進めるうえで必要な知識や施策を考えるために必要な資料を提供してきたのである。

部落差別問題、在日韓国朝鮮人問題、障害者問題、性的マイノリティの問題など、いわば「〇〇差別問題」をめぐる社会学調査研究が推進されてきたのである。そして研究するうえでの大前提は、個別問題を生きる当事者の〈生〉や運動へのできる限りのコミットであり、当事者のみが体験される〈被差別の痛みや苦しみ〉〈差別への怒り〉〈反差別への思い〉など実存的な何かをできる限り共有することであったように思う。こうした共有に可能な限り近づくためには、当然のことながら、当事者との連携は不可欠であろうし、単に調査する―されるという関係の次元だけでなく、より深く厚く人間的な次元まで繋がりあうことが、研究者には求められていくことになるだろう。

私は、こうした前提を少しでも達成していく営みは、基本的に差別や排除という現象研究だけでなく、すべての社会学調査研究にとって必須であろうと考える。ただその必要性を認めたうえで、この前提が疲弊し、硬直し、金属疲労を起こしてしまった場合の「狭さ」を批判しておきたいのである。

私がまだ駆けだしの研究者であった頃の社会学会大会の差別問題部会での光景を思い出す。最新の理論を援用しながら、ある差別問題を少しでも洗練された社会学で分析しようとする意欲的な若手の報告に対して、フロアから硬直した「狭さ」を象徴するような質問があった。もう記憶はそれほど鮮明ではなく、確か年配の先生だったと思う。

「あなたは、そのような報告をしているが、被差別当事者の痛みや苦しみはわかっているのですか」と。こう質問しながらその先生の手は小刻みに震えており、本気で怒っているのが見てとれた。報告内容に関わる質問ではない。報告の背後に被差別当事者への共感が受け取れないと批判し、怒りを表明されていたのである。なにかその場に被差別当事者がいて、彼らだったらきっと批判し怒りを覚えているだろうと「代弁」しているようだった。私は、この先生の姿をみながら、端的に硬直した「狭さ」を感じていたことは事実だ。

もちろん、このような例は、差別問題研究の次元から考えて、低く瑣末なものだろう。ただ、従来の差別問題研究は、まさに「当該の問題を生きる人びととの連携や関わりを深くしない限り、問題研究の社会学は難しい」といったような「個別問題」別の社会学研究というスタイルが中心的であったのである。

個別問題別の差別の社会学は、現在もまた将来もまた必要な営みだろう。そのことは認めたうえで、認めるべきもう一つの事実もある。日常に現象する差別は、常に変貌していくという事実だ。被差別当事者の異議申し立ての運動もまた、時代とともに変貌していく。こうした絶えまない変貌のなかで、どのようにしたら社会学が差別と排除の「いま」を問うことができるのだろうか。以前とは確実に変貌しつつある差別や排除の現実がそこにあるし、先にあげたような硬直した「狭さ」に囚われることなく、それらをどのように社会学は捉えることができるのだろうか。

そんなことをつらつらと考えながら、私は同世代の仲の良い友人に声をかけた。荻野昌弘さん、稲垣恭子さん、町村敬志さん、藤村正之さんだ。彼らは、文化・メディア、教育・青年論、都市や空間、福祉や医療など、それぞれの専門領域で優れた研究を重ねてきているが、従来の区分けからすれば差別問題の研究者ではない。ただ、文化やメディア、都市や空間、教育、福祉・医療はすべて、さまざまな差別や排除が生起している場所であるし、人びとがそこで差別や排除と出会う場所なのである。

個別問題別に考えるのではなく、私たちが生きる様々な場所や位相でどのようにしたら現代的な差別や排除を捉え、批判的に読み解くことができるのだろうか。明石書店の狭い部屋で編集者の神野斉さんも加えて6人でいろいろと議論しアイデアを出し合ったことを思い出す。議論の結果、都市と空間、文化とメディア、教育、福祉と医療、セクシュアリティで各巻を構成し、またできるだけ優れた若手研究者に彼らが一番重要だと考えるテーマで自由に書いてもらうことを決めたのである。以下、少し長くなるが、このシリーズの内容や意図がよくわかるので、各巻の構成をあげておきたい。

第2巻『都市空間に潜む排除と反抗の力』（町村敬志編）

1「建造環境で他者化される住宅危機――都市の自然をめぐる労働と管理と夢」（林真人）

2「『不法占拠地域』における在日朝鮮人の記憶と集合性——地域と住民という結節点」（山本崇記）
3「曖昧化する労働と排除——生活世界としてのローカルな空間」（山根清宏）
4「都市型サービス産業の労働現場——民間施設に従事する若年専門技術者の事例」（田中研之輔）
5「分断される郊外——場の解体と強制されたフレキシビリティ」（森千香子）
6「ユニオン・アクティヴィズムの居場所——西新宿・雑居ビルにおける労働／生存運動拠点空間の形成と存立」（岩舘豊）

第3巻『文化・メディアが生み出す排除と解放』（荻野昌弘編）
1「食とマイノリティ」（角岡伸彦）
2「蘇り、妖怪化する歌、『お富さん』をめぐって——『小さな場所』と〝うた〟」（本山謙二）
3「スポーツと差別——キャスター・セメンヤ選手の『性別疑惑』問題をめぐって」（水野英莉）
4「差別・排除を助長する／回避するインターネット——精神疾患を患う人々の活動を事例として」（前田至剛）
5「障害者表象をめぐり〝新たな自然さ〟を獲得するために」（好井裕明）
6「〈マンガと差別〉を考えるために」（山中千恵）

第4巻『福祉・医療における排除の多層性』（藤村正之編）
1「生活保護と差別」（圷洋一）

2「多重債務の社会的世界」（大山小夜）
3「認知症をめぐる排除と包摂――老い衰えといかに生きるか？」（井口高志）
4「障害者問題解決に向けた『ゆらぎの学習』へ――障害疑似体験から考える」（横須賀俊司）
5「社会的排除と健康格差」（斉藤雅茂・近藤克則）
6「ハンセン病療養所で生きることのアクチュアリティ――ある『職工』の生活史にみる生業と自己」（坂田勝彦）

第5巻『教育における包摂と排除――もうひとつの若者論』（稲垣恭子編）
1「『ひきこもり』の当事者は何から排除されているのか――リアリティ定義の排除という視点」（石川良子）
2「男子問題の時代？――ジェンダー構造の変化と男子論争」（多賀太）
3「学習塾への公的補助は正しいか？――社会的包摂と教育費」（末冨芳）
4「包摂／排除論からよみとく日本のマイノリティ教育――在日朝鮮人教育・障害児教育・同和教育をめぐって」（倉石一郎）
5「『教育』『教養』の力学と被爆体験言説――永井隆と山田かんをめぐって」（福間良明）
6「低学歴勤労青少年はいかにして生きるか？――『路傍の石』の排除論」（井上義和）

第6巻『セクシュアリティの多様性と排除』（好井裕明編）

1「ヤオイはゲイ差別か？——マンガ表現と他者化」（堀あきこ）
2「レズビアンの欲望／主体／排除を不可視にする社会について——現代日本におけるレズビアン差別の特徴と現状」（杉浦郁子）
3「男同士の結びつきと同性愛タブー——スポーツをしている男性のインタビューから」（風間孝・飯田貴子）
4「性同一性障害のカウンセリングの現実について——ここ十数年の調査から」（鶴田幸恵）
5「トランスジェンダーをめぐる疎外・差異化・差別」（三橋順子）
6「職場とマタニティ・ハラスメント——『迷惑をかけない働き方』という差別」（杉浦浩美）

30名もの若手研究者に自由に書いていただいた。改めて各巻の構成をみてみるととても興味深い。すでに多くの方は中堅研究者となられ、堅実な研究や教育を重ねられている。この場をかりて、お礼を言っておきたい。ありがとうございました。

都市は、圧倒的な数の他者が住まう不思議な場所だ。人びとが働き、集い、遊び、憩う。これだけの数の異質な他者を飲みこむ空間としての都市は、シカゴ社会学のパークとバージェスの理論や主張を思いだすまでもなく、人間生態を深く調べることができる場所であり、そこには多様な排除の力、均質を強要する管理の力が働いている。

ただ私たちは、こうした排除の力や差異をもつ他者との繋がりを分断していく管理や他者化の力にただ唯々諾々と従っているのでもない。都市には同時に、さまざまなかたちで「抵抗する力」もまた常に醸成されつつあるのだ。人が人を他者化し排除する、同時にそうした力に対抗し多くの他者と繋がることで自己の意味や意義を都市という場所に投錨しようとする営みがある。まさに差別と排除から考える「実験室としての都市」は、いまも私たちに生きられているのである。

文化とメディアという領域は、まさに差別や排除を考えることができる宝庫だろう。食の背後にある差別。日常的な歌謡がもつ差別や排除を伝承する力。最近盛んに論じられるようになったスポーツという世界に息づいている差別や排除の現実と力。インターネットというメディアが既存の差別や排除を維持し、拡大すること、さらに新たに生み出されるネット上の差別や排除、同時にネットメディアは人びとをどのように繋げ、差別や排除に抵抗し、それらを超克していく力を持ち得るのか。マンガや映画、ドキュメンタリーにおいて、被差別の表象などがどのように描かれ語られており、差別や排除の変容を考えることができるのだろうか。

まだまだ「宝庫」を掘り返せば、新たに差別や排除を批判的に読み解ける「タネ」が埋まっている。ただ問題であり、かつ興味深いのは、テレビメディアやネットの特徴である「現在性」だろう。「いま、ここ」で圧倒的に流通する情報が生み出す差別や排除があるとして、その「軽やかさ」言いかえれば「軽薄さ」そして誰かや何かを名指し攻撃するだけの「匿名性」を社会学研究者はどのように考え、捉え得るのだろうか。

福祉や医療の領域には、差別という言葉はなじんでいないようだ。そこには差別ではなく、多層的な排除が厳然と存在しているという。生活保護の対象者、多重債務者、認知症患者等の高齢者、障害者、多様な病いを生きる患者など、こうした人びとが何らかの形で差別され排除されるとして、私たちの日常意識の中に、彼らには、なんらかの〝分け隔て〟があっても仕方がないというような漠然とした了解はないだろうか。もしあるとすれば、多層的な排除は、曖昧ではあるがまさに空気のように存在し、それを「あたりまえ」のように吸って生きている〝分け隔て〟を仕方ないものとして認めている私たちの日常が福祉や医療の差別や排除を支えていることになるだろう。

今一つ、この領域での差別や排除を考えるために必須である社会学的営みがある。それは医療や福祉の世界を維持管理する存在をめぐる質的な調査研究だ。たとえば医師は、患者にとってなくてはならない存在だ。そして治療するという営みの中で、患者という他者の身体や心が医師という圧倒的な権力を持った他者に委ねられる。さまざまな痛みや弱みで苦しんでいる他者の身体や心を見ず知らずの他者が「よりよい状態」を求めて、さまざまに関与しいじくりまわす。それが「医療」だといえば、それまでかもしれないが、こうした異様な状況のなかで行使される〝優しい権力〟もまた、社会学が批判的に解読すべき重要な対象なのである。

教育という現場もまた差別と排除で満ちているだろう。ひきこもりや不登校の問題。ジェンダーを子どもたちにいかに教え身につけさせるのか。子どもにかける教育費と階層格差の問題、マイノリティ教育のありようなど、すべての子どもや等しく教育を受ける機会確保がいかに理念であり、現実とはそううまくいっていないことが了解できるだろう。

私が最近興味深いと考えるのは、スクールカーストをめぐる現実分析が進められてきていることだ。たとえば『桐島、部活やめるってよ』（吉田大八監督、二〇一二年）という映画が見事に描いているように、子どもたちは自らをカースト内に位置づけながら、学校そして教室という場で他者との距離を維持し、関係を形成している。いくつかの価値に照準された子どもたちの間にある「序列」。これは学級を運営する教員も含め、教室の日常的秩序を維持するうえで無視できない現実とも言えるだろう。しかし一つ間違えば、「序列」からいじめは起こり得るし、多様な排除や差別を現象させるだろう。

私たちが暮らす日常世界は、女性─男性の二分法的な現実から成っているのではない。この端的な事実は、男性同性愛者、女性同性愛者、トランスジェンダーなど性的マイノリティの当事者によるまざまな活動や彼らをめぐる調査研究から明らかになっている。セクシュアリティの多様性が、まさに私たちの日常を形づくっていると言えよう。ただそうは言っても、支配的な文化に依拠しながら生きている私たちには、まだまだ多様なセクシュアリティについて恣意的な「思いこみ」や「決めつけ」を持ち続けているのではないだろうか。たとえば同性愛として男女をひとくくりにして了解することは、明らかに当事者たちが生きている現実理解への道の妨げとなるだろう。従来社会学のテキストなどは紙幅の制限もあったのかもしれないが、ひとくくりで同性愛という問題が語られてきた。男性同性愛と女性同性愛は異質な現実であり、支配的文化や社会との繋がりのありようを考えても両者には多様な差異が存在する。だからこそ、ひとくくりではなく個別に論じ、個別に理解すべきなのである。

また性的マイノリティを名指す言葉や概念を誰が創造し、誰が管理するのかという重要な問題もあるだろう。第6巻で三橋順子が論じているように「性同一性障害」という概念は医学から由来するものであり、その意味で支配的な文化がマイノリティを名指す言葉なのだ。そしてこの概念が私たちの日常に流通すればするほど、支配的文化の領域内でこの概念に名指される存在は安定した意味を獲得するようになる。いわば支配的文化の中である意味〝お墨付き〟の少数者となるわけだ。そしてこの事実が以前にはなかった性的に多様な差異をもつマイノリティの間に「序列」を生み出し、当事者間でさまざまな葛藤や対立を生みだすという。新たな言葉や概念によってもたらされてしまう差別や排除もまた読み解くべき重要な現象なのである。

さて最後にヘイトスピーチについて、少し考えておきたい。なぜならそれは最近になって私たちの多くが、差別という言葉を聞いて、すぐに想起する顕著な現象だからである。

あるカテゴリーを生きる人びとに対して、存在を否定し、抹殺を叫び、日本という場所からの追放を叫ぶ。街宣活動を通して、人びとの生業や学びの環境を妨害する。ネットを通して執拗に個人を攻撃する。活動を進める人びとは、そうした営みを政治的であり「表現の自由」の域内にあると主張する。トイレなどに書かれた差別落書きに見られるような陰湿さはなく、公の場であっけらかんと特定の人びとへの憎悪が表明され、抹殺、追放が連呼される。以前には考えられなかったような素朴で、ある意味明快な差別の実践である。

なぜ、いまの日本で、このようなあからさまな差別が「政治的」営みだとして繰り返されるのだろうか。誰が、どのような階層を生きる人びとが、こうした差別を実際に行っているのか。また実際に街宣活動には参加はしないが、彼らの主張に共鳴する人びとはどれくらいいて、どのように考えているのだろうか。たとえば樋口直人は、活動に参加している人びとに聞き取りをしたうえで、彼らの営みを「日本型排外主義」としてまとめ、その特徴を論じている（樋口直人（2014）『日本型排外主義』

名古屋大学出版会）。彼らのような存在や営みを単に例外だとして批判し解釈するのではなく、当事者の生活世界にまで入り込み、彼らが「政治的」活動をしてしまう背後にある〝差別する理由〟、その〝理由〟を意味あるものとして位置づける私たちの日常意識や世界のありようを丁寧に取り出す社会学的調査研究は重要であり、必須であろう。

かつてであれば、こうした「政治的」活動があるとして、被差別当事者の解放運動団体はいち早く抗議声明を出し、対抗するさまざまな営みを起こしていただろう。しかし、いまは顕著な営みはなく、メディアも対抗的な運動を伝えようとはしない。当事者の差別に対抗する運動が盛んであったかつてに比べ、私たちがいま生きている状況は、差別を考える図式や差別をめぐる基本的な価値や考えるべき核心が変貌してしまっているのだろうか。当事者がもつ活動の論理や情緒を調べ上げる作業の他にも、私たちが考えるべき課題は数多く存在するのである。

ヘイトスピーチをどのように報道し、そこにどのような意味を込め、私たちの多くに何を伝え、何を確認させようとしているのか。ヘイトスピーチをめぐる新聞報道やニュース報道の言説解読もまた興味深い、現代的な差別をめぐる社会学の作業だろう。

二〇一四年一二月九日、ヘイトスピーチをめぐり、画期的な判決が確定した。最高裁第三小法廷は、自らの街宣活動を政治的な表現の自由だという団体の上告を退け、ヘイトスピーチは差別だと認めたのである。人種や民族への憎悪をかきたて、彼らの抹殺や生きる場からの追放を公の場で叫ぶ行為は、人種差別撤廃条約が禁じる「人種差別」と認定し、高額の損害賠償と街宣活動の差し止めを命じる大阪高裁判決が確定したのである。

新聞記事は、この事実を淡々と伝え、原告側の人びとのコメントや「差別の根絶へ」「法整備が急務」という政治学者と弁護士のコメントを載せていた。私はこの記事を読みながら、日本の司法世界にはまだ良心が存在するし、人権問題に関する世界的な常識も通用するのだなと少しだけほっとしたことを覚えている。

ヘイトスピーチは人種差別だと認める判決が確定したことは大きな意味を持つだろう。ただ訴えた側が語るように「一歩」踏み出したにすぎない。専門家のコメントにもあるように、公共の場やネット空間において、さまざまな差異をもつ人びとを差別排除し攻撃する営みに対して明確な法規制が必要だろう。しかし今の政治状況をみる限り、すみやかに法規制が実現するとは、なかなか思えない。また、ヘイトスピーチを「政治的」活動だと信ずる人びとの中で、仮に公の場での営みへの自主規制が働くとしても、それ以外の場や生活空間でより陰湿なかたちで差別や排除の営みは繰り返されるだろう。

ヘイトスピーチという営みをめぐり、まさに「いま、ここ」でさまざまな変容が生じつつある。個別の差別をめぐり安定した解釈や了解の図式が崩れ、確実に変容しつつある現代。そこでは、自由に動かないようにと係留しておいた差別を抑える鎖が錆びつき切れ、自由を取り戻した差別が、さまざまなかたちで息を吹き返し、「いま、ここ」で浮遊しているのではないだろうか。こうした現代であるがゆえに、差別と排除の「いま」をどのように考え、いかに捉え、批判的に読み解けるのか。そのためのより自由でしたたかな社会学的想像力が必須なのである。

二〇一五年一月

好井 裕明

【編著者紹介】（執筆順）

町村敬志（まちむら　たかし）
一橋大学大学院社会学研究科教授。著書・論文に、『越境者たちのロスアンジェルス』（平凡社、1999年）、『開発主義の構造と心性――戦後日本がダムでみた夢と現実』（御茶の水書房、2011年）、「都市社会学という『問い』の可能性――構造と変動から30年を振り返る」（『日本都市社会学会年報』31、2013年）など。

荻野昌弘（おぎの　まさひろ）
関西学院大学社会学部教授。著書に、『資本主義と他者』（関西学院大学出版会、1998年）、『零度の社会――詐欺と贈与の社会学』（世界思想社、2005年）、『開発空間の暴力』（新曜社、2012年）など。

藤村正之（ふじむら　まさゆき）
上智大学総合人間科学部教授。著書に、『福祉国家の再編成』（東京大学出版会、1999年）、『〈生〉の社会学』（東京大学出版会、2008年）、『考えるヒント――方法としての社会学』（弘文堂、2014年）など。

稲垣恭子（いながき　きょうこ）
京都大学大学院教育学研究科教授。著書に、『女学校と女学生』（中公新書、2007年）、『教育文化を学ぶ人のために』（編著：世界思想社、2011年）、『日本の論壇雑誌――教養メディアの盛衰』（共編著：創元社、2014年）など。

好井裕明（よしい　ひろあき）
日本大学文理学部社会学科教授。著書に、『批判的エスノメソドロジーの語り』（新曜社、1999年）、『モスラ・ゴジラ・原水爆――特撮映画の社会学』（せりか書房、2007年）、『違和感から始まる社会学』（光文社、2014年）など。

差別と排除の〔いま〕 第1巻

現代の差別と排除をみる視点

2015年3月20日　初版第1刷発行

編著者　町 村 敬 志
荻 野 昌 弘
藤 村 正 之
稲 垣 恭 子
好 井 裕 明

発行者　石 井 昭 男

発行所　株式会社 明石書店

〒101-0021　東京都千代田区外神田6-9-5
電 話 03（5818）1171
FAX 03（5818）1174
振 替 00100-7-24505
http://www.akashi.co.jp/

装幀　松田行正＋山田和寛
印刷・製本　モリモト印刷株式会社

（定価はカバーに表示してあります）　ISBN978-4-7503-4159-0